生き延びるための政治学

森川友義

弘文堂

まえがき

「**政治学**」を堅苦しく考える必要はありません。しかし、まじめに学習する必要はあります。なぜなら、政治の知識を持たずしては現代を「生き延びる」ことができないからです。

政治の知識が必要になるのは、主に**選挙**のときです。わが国は政治制度として**間接民主主義**を採用しているので、国会議員といった**政治家**を選出するための選挙があります。選挙においてどの候補を選ぶかは重要な**政治の意思決定**です。慎重かつ賢明な意思決定をしたいものです。もちろん、選挙に行って、鉛筆をころがして候補者を選ぶことはできますが、できれば、政治の動きを知っていて、どの候補者がふさわしいかを理解して投票する方がベターであるのは自明です。ですから、この本をきっかけとして、民主主義制度に関心を持ってもらい、より良い政治家を選出することで、より良い日本を築いてもらいたいと思います。

この本は、**40歳未満の男女**に向けて書かれています。人生80年とすると、まだ人生の半分に届かない若い人たちがターゲットです。理由は**次世代の日本を背負う人材**だからです。

現在、日本は大きな問題をかかえています。**総額1000兆円をこえる国と地方の借金**、東日本大震災をきっかけとした**脱原発・エネルギー問題**、日本人が減りつつあり、高齢者が増えている**少子・高齢化問題**、等々、問題は多岐にわたっています。

そうでありながら、バブル経済がはじけた1990年初頭以降、日本のかじ取りをすべき総理大臣は20人近くにのぼっています。最近ではほぼ毎年総理大臣が替わっているのです。継続した政策を打ち出すことなど到底できるはずもありません。

海外からは日本を軽視する傾向がみられ始めました（これを**ジャパン・パッシング**といいます）。軽視されるということは、日本の主張が通らなかったり、隣国が外交的に日本のいうことに反発したり、あるいは日本に対して攻撃的になることです。たとえば、わが国固有の領土に対して、自分のものだと強硬的に主張する隣国も出てきています。

というわけで、読者のみなさんには、細かい政治問題や、堅苦しい政治哲学や、無味乾燥な政治史といったものは極力説明せず、日本人であるならこれだけは知っておきたいという政治の仕組みと、政治が解決しなければならない諸問題について解説してゆきます。

あくまでも目的は、選挙のときに、最もふさわしい候補者を選んでもらうためという一点に絞っていますが、この本を読み終わったときには、どんな人とでも、政治家でも新聞記者でも政治学者とでも、わが国の政治について語ることができるはずです。

この本は3部に分かれています。第1部では、政治の基本的構造について解説します。誰がどのような形で政治に関与しているのかということです。本来ならば、有権者が最もパワーを持つべきなのでしょうが、実際には、政治家だったり、特別利益団体だったり、官僚だったりします。そのメカニズムを詳しく解説しました。また、有権者といっても世代で影響力が異なるのですが、若者の声が反映されにくい理由について述べています。

第2部では、読者のみなさんに毎日の政治問題に精通していただきたいと願い、日本がかかえている大きな問題、5つについて詳述しました。財政赤字問題、エネルギー問題、食料問題、少子高齢化問題、及び経済問題です。どれもとても大きな問題で、解決不能なものもあるのですが、そうであるからこそ、有権者の一人として精通しておく必要があります。

第3部では、国際問題を知っていただきます。国際問題の多くはいわゆる「囚人のジレンマ」と同じ構造をしているので、「囚人のジレンマ」の構造を解説しつつ、応用として地球規模の問題を知ってもらうと同時に、解決方法の一つである国際機関、とくに国際連合のシステムを学んでもらいます。

第1部から第3部まで読み通すことができたならば、相当の政治リテラシーになりますので、自信をもって政治を語ることができるはずです。ぜひ読破していただきたいと存じます。

2012年8月30日

早稲田大学　国際教養学部教授

森川友義

CONTENTS

生き延びるための政治学　目次

CONTENTS

CONTENTS

CONTENTS

第3部　地球規模の問題と日本

第1部　日本政治の仕組みと選挙

第1章 政治の基本中の基本

「政治」を知らなくても問題なし？

世間では「政治」を学ぶことは難しいといいます。何がなんだかさっぱりわからないと。確かに毎日、テレビや新聞で最初に取り上げるのは「政治」問題です。しかし、観たり聞いたり読んだりしていても、難しくてわかりづらいものです。

「社会保障」、「外交」、「税制改革」、「ねじれ国会」、「少子高齢化」、「累積債務」、「エネルギー（原発）問題」、「ＴＰＰ」等々、政治に関わるものをあげれば、きりがありません。語句は知っていても、内容まで踏み込んで知ってはいないものです。

このような問題について、すべてに精通している人はいません。ご安心下さい。そのうちいくつかの知識を持っている人はいますが、それでも専門家でない限り、深い知識を持っている人はいません。「社会保障」について専門的知識を持っている学者でも、「エネルギー問題」について精通しているかといえばそんなことはなくて、普通のサラリーマンとほとんど変わりがないくらいの知識しか持っていないものです。

知識というのは、必要に迫られないと持たないし、持ったとしても、すぐ忘れてしまいます。たとえば、高校受験や大学受験のときに国語の文法について勉強したはずです。動詞の五段活用というのがありましたね。未然、連用、終止、連体、仮定、命令形というものです。このような知識、生きてゆくうえで必要ではありません。文法を知らなくても、生きてはいけます。国語の先生は「そうではない、必要だ」とおっしゃるでしょうが、そこまで深い知識は必要に迫られない限り持たないものです。

それでは、政治の知識はどうでしょうか？

政治の知識も知らなくても生きていけそうです。現に、みなさんも、政治の知識はそれほど持っていらっしゃらないでしょう。でも立派に生きています。

しかし一つ大きな問題が隠されています。政治の知識を知らなくても生きてはいけますが、**政治を知らないと損をする可能性が高い**といえます。知っていた方が得をするのです。

なぜかというと日本は民主主義という政治制度を採用しているからです。民主主義というのは、いろいろな定義があるでしょうが、2点重要な点をあげると、

(1) 間接民主主義

(2) 多数決の原則

というものです。「間接民主主義」というのは、私たちは仕事で日々忙しいので、国や地方のことについて専門的に決めてもらう人を選出して、その政治家に自分の代理として決めてもらう仕組みのことをいいます。

また、日本ではものごとを決める方法は**多数決の原則**を採用しているのですが、このルールは一人が独断で決めるのではなく、参加した人の過半数が賛成すれば、決定するというものです。

残念ながら、私たちのような人間は欠点だらけ…。そのような人間が決めることですから、決定したことも間違いだらけの可能性があります。数学のように絶対的な答えが存在して、その真理に近づくというたぐいのものではありません。

政治には、正しいとか間違いとかそういう判断基準はなく、極端にいえば、49％の人が損をしても、51％の人が得をすれば、正しいものと判断されてしまうものなのです。結果的に70％の人が損をしてしまったとか、80％の人が得をしたということもあります。しかし、100％全員幸せになるという政策はありません。人間社会の決めごとは、結局は誰かが得をして誰かが損をするものなのです。ですから、一つの法案なり一つの政策で、自分がどの程度得をするのか、損をするのか、見極める必要があります。

政治問題というのは、そういうふうに答えのない正解探しという側面があります。ですから、より多くの知識を持ち、より人気者（票の獲得）で、より多くの資源（お金）を持っている人が、プレゼン能力や資金源によって、人を動かし、政治を動かすことになります。政治に興味がない人は、知らないうちに損をします。「世の中、こんなふうに動いていたのか！」と後々気づいても手遅れになる可能性が高いものです。

この本は、手遅れにならないように、みなさんを導くものです。その意味で「生き延びるための政治学」です。

政治は会社組織とは異なる

民主主義の話をもう少ししておきます。会社における決め方（意思決定）と政治における決め方とは異なることを知っていただきます。

会社組織では代表取締役という社長がいて、取締役会というのがあって、以下、部長、課長、係長、平社員といったような縦型の指令系統ができあがっています。会社のトップの人が意思決定をして、部下に従ってもらうというのが基本的ルールです。

民主主義的な意思決定方法とは異なります。民主主義は多数決が原則です。多数決だと、ビジネスにおける厳しい競争には勝てません。いちいち多数決で決めていたら時間がかかるし、多数決で決めたとしてもその意思決定が会社に利益をもたらすとは必ずしもいえません。たとえていうなら、ビジネスとは「走ってあぶない橋を渡る」もので、民主主義制度は「石橋を叩きながら橋を歩く」制度、といえなくもありません。

たとえば、**二院制度**です。わが国は、**参議院**と**衆議院**という2つの組織があって、別々の国会議員が同じ案件を審議します。二度手間ですね。ましてや、与党と野党が参議院と衆議院で異なると、法案が通過しません。「**ねじれ国会**」というものですが、衆議院では通過しても参議院では却下されてしまう、という事態もしばしば起こります。

それでは、参議院を廃止して**一院制**にしたらどうだという議論になります。世界では200近い国がありますが、そのうち120ヶ国くらいが一院制を採用しているので、世界的にみれば、一院制の方が多いのですが、一院制にも欠点があって、それは選挙の数が二院制より少なくなるので、民意が反映しづらくなるのと、一院で法案が通過するとすぐ決定されてしまうので、即断即決はできるが、間違ったときに暴走してしまう可能性が高いということになります。

というわけで、わが国の民主主義の原則として二院制があり、それはゆっくり決める制度、ゆっくりであるがゆえに間違いは少ないが、新しいことをしづらいというものでもあります。

早大生に「政治」について質問してみました

この本を書くにあたり、政治学を専攻していない早稲田大学の学生に「政治」について質問してみました。どの程度、学生は知っているのか、知らないのか。この本の内容が理解不能なつまらない内容になっても良くないと思い、アンケートしてみたのです。

学生への質問は「政治について疑問に思っていることはありますか?」です。

アンケート結果をみると、こんなことも知らないのかと最初は感じたのですが、一応日本では偏差値の高い大学といわれているので、世間一般の政治知識とそれほど変わらないと思い、わが大学の恥をさらすのをためらったのですが、この本の導入のために、いくつか披露してみたいと思います。

(1)「政治って何ですか?」
(2)「司法はわかりますが、立法と行政の違いがわかりません。」
(3)「なんで日本には大統領がいないのですか?」(類似質問「なんで首相を有権者が決めら

れないのですか?」)

(4)「自民党と民主党の違いがわかりません」

(5)「なぜ選挙には小選挙区と比例代表制があるのですか?」

(6)「なんで政治家は握手してくるのですか?」

(7)「自衛隊も政治ですか?」

その他にも、「なんで日本は民主主義なのですか?」、「民主主義ってなんですか?」、「なんで女性の政治家は元気がいいのですか?」等々ありました。全部答えたいものですが、アンケートの質問事項のなかで典型的だった右記7つについて、この第1章で答えていきます。

①「政治」とは何?

早大生の質問その(1)は、「政治って何?」です。簡単なようで難しい質問です。自分としては次のように答えたいと思います。「政治」とは広い意味と狭い意味の2つがある、と。

それでは、広い意味の「政治」とは何か? です。**広義の意味の「政治」とは複数の人間が意思決定をすること**を意味します。たとえば10人の男女が週末に何をして遊ぶかを決めるのも政治的な意思決定です。10人いれば、当然、意見の食い違いが出てくるもので、映画に行きたい人やドライブに行きたい人、テニスをしたい人がいるはずです。10人が10人とも同じ行動をするためには、意見をすり合わせて、全員一致の意見に集約させるか、それが無理な場合は多数決で決めるといったルールも必要となります。もし多数決で決めるならば過半数の6票をとるために、政治的なかけひき（脅したり、お願いしたり、お金を渡したりすること）が必要になってきます。

あるいは、男女の**結婚も重要な政治的な意思決定**です。人生において何人かの異性と結婚するチャンスがめぐってきます。たとえば魅力度を100点満点として表すと、最初の恋人が80点で次が83点、3番目が85点の順番で異性と交際したとします。通常は一人の異性と交際してダメだったら次の恋人へ、となりますから（もちろん同時に付き合う人もいますが）、3番目に85点の異性が現れるかどうかわかりません。最初の恋人より2番目の方が魅力的なわけですから、そこで結婚することも考えられるわけです。ですから、どの時点で誰と結婚するかは常に不安がつきまとうものです。この人で良いのか、本当はもっと素敵な人が現れるのではないかといったマリッジブルー状態になる人もいます。

さらには、結婚相手を選び過ぎて、年齢を重ねてしまい、自分の魅力度が低下して理想の相手がみつからなくなり、あげくの果てには結婚しないという人もたくさんいます。結婚しないで子どもをもうけないと出生率に影響が出てきます。というわけで、恋愛というミクロの意思決定が、マクロの少子化問題という大きな政治問題になっているともいえるのです。

それでは、「狭義」の意味の政治とは何か？

狭い意味の「政治」とは、政治家が毎日行っているものと理解して良いです。予算を決めたり、消費税率を決めたり、ダムを作ることを決めたり、そういう政策を決めることを狭い意味の政治と定義できます。つまり、**政治という言葉を狭く定義すると、地方や国レベルでの意思決定**となります。地方や国レベルということは、有権者と呼ばれる20歳以上の日本人と、選出される側の政治家が基本となります。政治家や有権者といった人たちを専門用語で「**政治アクター**」と呼んでいます。政治に参加する人たちのことです。政治家や有権者の他には、**特別利益団体**や**行政府の官僚**（両者とも第4章で詳述）といったものが政治アクターと呼ばれるグループです。このグループの行動やその結果としての政策を学ぶことが、政治を知ることになります。

②「三権分立」について

2つめの質問は「立法と行政の違い」に関するものです。まず、**三権分立**という言葉を知ってもらいます。三権分立とは、古代ギリシャに端を発して、近年では17世紀に**ジョン・ロック**

図1-1　三権分立の形

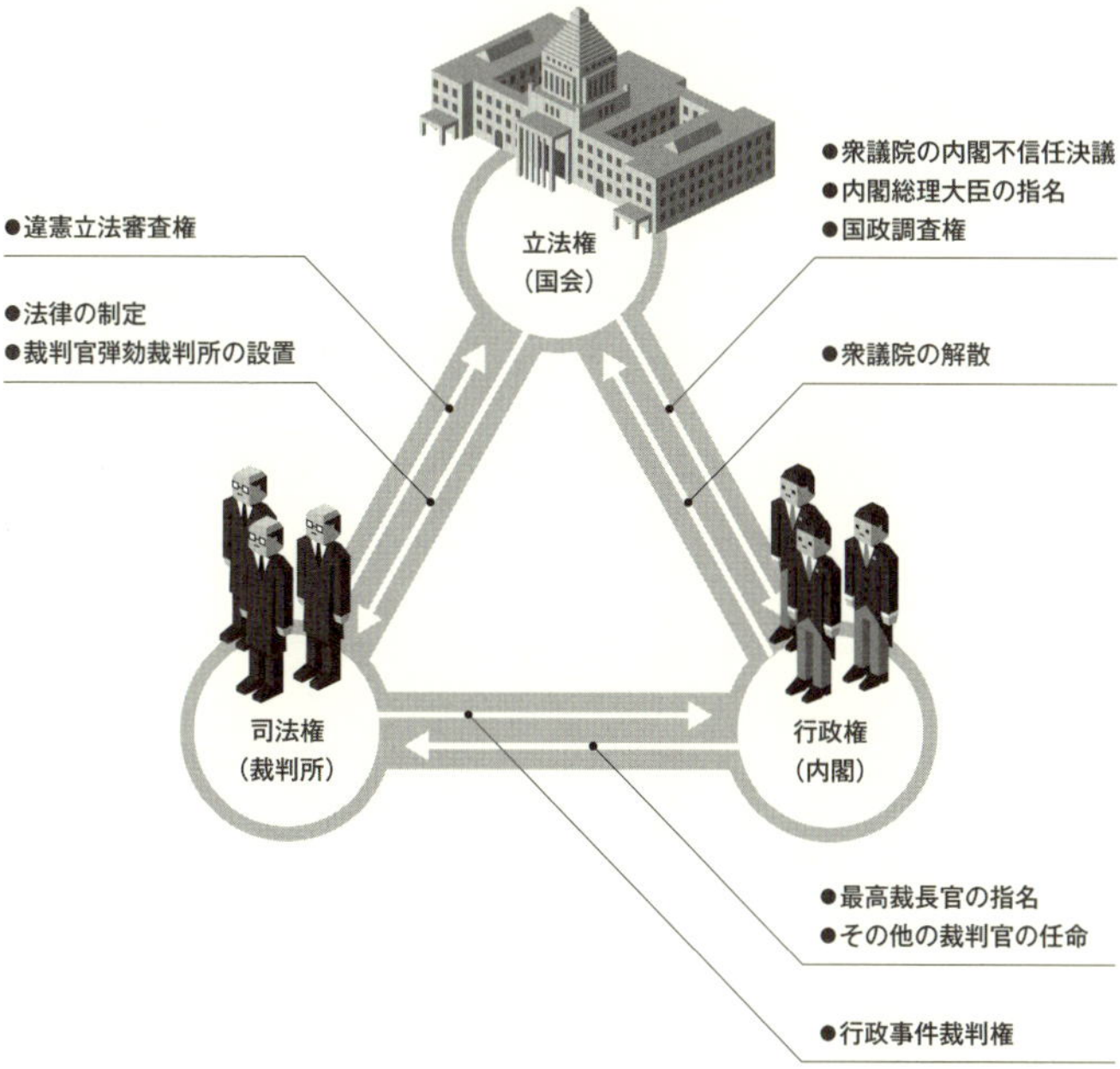
立法権
(国会)
司法権
(裁判所)
行政権
(内閣)
●違憲立法審査権
●法律の制定
●裁判官弾劾裁判所の設置
●衆議院の内閣不信任決議
●内閣総理大臣の指名
●国政調査権
●衆議院の解散
●最高裁長官の指名
●その他の裁判官の任命
●行政事件裁判権

がその考えを説き、18世紀になるとフランス人の**モンテスキュー**が書いた『法の精神』という本のなかで言及されています。[1]

三権とは「立法」「行政」、「司法」の3つですが、

- 「立法」の役割とは、法律を作ること
- 「行政」の役割とは、立法府が作った法律を執行すること
- 「司法」の役割とは、法律がしっかり守られているか確かめること

です。3つとも権力ですね。人に強要できるパワーがあります。

3つの権力を一人が持つと巨大になりすぎるので、3つのパワーに分散させてお互いをけん制させましょう、というのが三権分立の考え方です。図1-1にある通り、各々の権力は分散しています。**立法権は国会、行政権は内閣、司法権は裁判所**が持っています。

立法府では、有権者によって選出された国会議員が法律を作り、行政府ではその法律を執行しますが、この2つの活動が「政治」の中心です。裁判所がやっていることも「政治」の一部なのですが、重要な判決が出てマスコミに取り上げられない限り、政治の表舞台には出てこないものです。この本では、主に立法府と行政府の活動を取り上げます。

1 なお、モンテスキューは三権以上の分立を唱えていたことを付記する。

③ 議員内閣制について

日本には、米国のように大統領がいません。**議員内閣制**は、**大統領制**とは異なります。明治維新の新政府がイギリスの政治制度をまねたことから、議員内閣制を採用するようになりました。もし明治政府が米国の政治制度を模倣したら、現在の日本の政治制度も大統領制になっていたことでしょう。単純な話です。

大統領制では、数年に1回、有権者が直接選出する方法をとりますが、議員内閣制では、有権者が選出した**国会議員が総理大臣を選出**します。選ばれた総理大臣は、「**組閣**」を行い、**国務大臣**を任命します。この内閣が行政権を担います。

総理大臣を自分たちが決められないのは、確かにもどかしいですね。国民は国会議員に対して必ずしも良いイメージを持っていないので、「国会議員は、自分たちに都合の良い、腹黒い人を首相に選んでいるのではないか?」と不信に思っている有権者もいるようです。そんなことは決してないのですが、イメージの問題としてあるようです。

国会議員が直接総理大臣を選ぶメリットは、立法府の多数派が行政府の長を選べる点です。政治的決定がスムーズに行いやすいということです。もし立法府の多数派がAという政党で、総理大臣がBという政党のリーダーだったら、政治がスムーズにいかないことが考えられます。「ねじれ」てしまいますから。ですから、多数派の国会議員が首相を選べば、法律を作る立法府と、法律を執行する行政府の関係がうまくいくのではないかという考えにのっとった制度ということになります。

もちろんこれは理想論です。実際には、前述の「ねじれ国会」のようにスムーズに予算や法案が決められない場合もありますので、議員内閣制のメリットが、大統領制より大きいとは必ずしもいえないようです。

④ 政党制について

自民党と民主党の間の政策の違いは、原則として、ありません。なにしろ、民主党には以前に自民党に所属していた議員もたくさんいますので、両者の違いは明確には存在していません。

現在は将来の過渡期、いずれ自民党と民主党の政策的・イデオロギー的違いは明確になってゆくものと思われますが、現在の両政党の最大の違いは、「**与党**」と「**野党**」の違いといっても良いでしょう。国の舵取りをする政権政党である与党は、政策を打ち出す…、それに対して批判的にアプローチして政権交代を目指す野党、という対立軸です。

図1-2 衆議院と参議院の違い

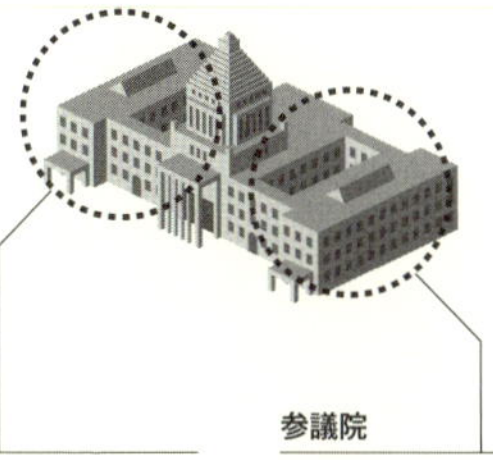

衆議院	参議院
議員の任期	議員の任期
4年	6年
全議席数（小選挙区と比例代表）	全議席数（小選挙区と比例代表）
480(300+180)	242(146+96)

現実には、むしろ、自民党内、民主党内の国会議員の考え方の差の方が大きいといえます。民主党は旧自民党から旧社会党までさまざまなイデオロギーの議員がいますので、党内の考え方の違いは自民党・民主党の違いよりもさらに大きいようです。

あえて違いをいえば、第4章で詳述する支持母体（特別利益団体）です。自民党は、**日本医師会**、**経団連**といった団体が支持し、民主党は、**連合**、**日教組**といった労働組合などが支持母体になっています。政治献金と組織票という場面で活躍しますので、当然、予算や政策に影響を与えています。

⑤比例代表制について

図1-2にある通り、2012年8月現在、**衆議院の議席数は480**、**参議院242**です。日本の人口は1億2700万人、そのうち**有権者は1億人程度**ですので、1億人が722人の国会議員を選出してい

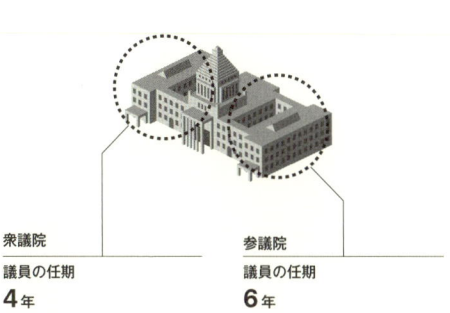

ることになります。

国会議員の任期は前者が4年、後者は6年です。参議院で選出されると6年間ずっと議員でいることができますが、衆議院の場合は、総理大臣が「解散！」と決めれば、すぐに解散総選挙が行われ、職をいったん失います。衆議院議員の人たちは、いつ選挙があるのか気を配っておかなければなりませんし、選挙には大量の選挙資金が必要なので資金集めも重要です。さらに、有権者が何を考えているのか注視する必要もある、といったように、職業としては激職の一つでしょう。

なぜ日本に小選挙区制と比例代表制の2つの制度が混在しているかというと、小政党が比例代表制を、大政党が小選挙区制を支持しているからです。衆議院の場合、日本を300の選挙区に分けて、一つの選挙区で最も票を獲得した候補者が当選する仕組みですから、各選挙区で支持者が多い政党しか勝ち上がってゆくことができません。通常は、自民党か民主党のどちらかです。ですから、すべての選挙区を小選挙区にすれば、2大政党制ができあがります。

他方、比例代表制は、47都道府県全域を11のブロック（北海道、東北、北関東、南関東、東京、北陸信越、東海、近畿、中国、四国及び九州）に分けて、その地域のなかで、得票数に応じて議席が配分される仕組みですから、小さい政党の候補者でも当選することが可能です。したがって、小政党にとっては比例代表制がなくなってしまうことは死活問題です。大義名分としては

「少数意見をくみ上げる」システムとかいいますが、現実的には小政党の生き残り戦略です。

⑥ 政治家と握手戦術について

「なんで政治家は握手してくるのか？」政治家が握手したがるのは、それが選挙におけるたいへん有効な戦術だからです。握手は「触覚」を使いますので。

というわけで、五感と選挙の関係について包括的に述べます。2つあって、一つはメラビアンの法則。もう一つは触覚の話。

「**メラビアンの法則**」はその経験則自体が古典に属す部類のもので、ご存知の方も多いかと思います。手短に申し上げますと、アルベルト・メラビアン博士という米国の南カリフォルニア大学の心理学者が、次のような経験則を発見したのでした。

選挙において自分の選挙区の候補者を選ぶような場

図1-3 メラビアンの法則

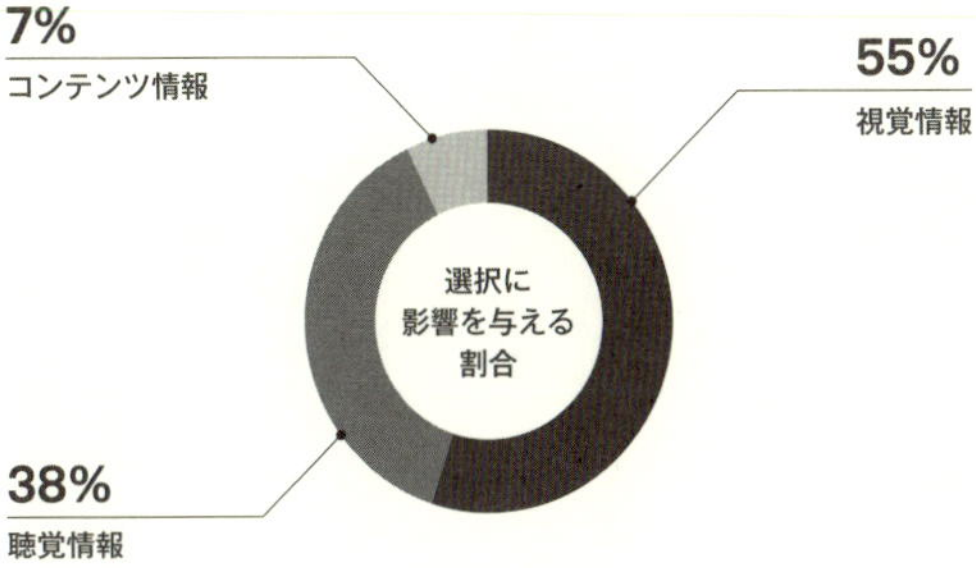

合、本来ならば、その候補者の選挙公約や政策に耳を傾け、判断するというのが通常考えられることです。しかし、実際には内容の良し悪しで相手を判断しているわけではないようです。メラビアンは相手に伝達される内容がどのような情報に基づいて伝達されるのかという点について経験的に調査しました。それによると、実際にはコンテンツの果たしている役割は非常に小さくて、図1-3のような経験則を発見しました。これを「メラビアンの法則」といいます。

つまり、候補者が訴える内容は二の次、どのくらい見栄えの良い（悪い）人が、どのような声で物事をいうかによって人は相手を判断するというのです。

顔で判断しているという視覚的アピール（55％）が最も重要であるのは理解できますが、38％が声のトーンや、大きさ、口調や、間の取り方、速さといったような聴覚的な情報に基づいて判断されるというのは、選挙の本来あるべき姿とは異なります。

ふだんの会話にしろ、就職活動の面接にしろ、選挙にしろ、人物を選ぶ場合は、内容ではない、見かけ第一なのです。前述の人物本位というのも、どうやら「見かけ」の部分が相当大きいといえるかもしれません。

もう一つは「**触覚**」の威力です。

選挙では、五感のほんの一部しか使いません。五感のうち最も使われているのがポスターに代表されるような、**視覚**です。次は、街頭演説や政見放送に代表される**聴覚**です。普通はこの2つの感覚だけです。しかし、最近では、触覚を最大限に理由する選挙戦術が取られることが多くなっています。つまり、冒頭の学生の質問のように、**握手戦術**ですね。握手、とくに素手で握手することが非常に重要です。（選挙中、手袋をしながら握手する候補者がいますが、あれはだめですね。手袋をとらないと効果がありません。）人間は触覚に弱いものです。肌と肌が触れ合うと、親近感が増すもので、欧米の慣習である握手は人間同士の摩擦を減少させる有効な方法という認識があります。

日本では普段、あまり握手することはありませんが、政治家だけは握手することが大好きです。握手すると親近感が増すので、候補者が他人とは思えなくなる。ですから、選挙のときは、知った候補者の方が知らない候補者より安心感がある、このように得票につながってゆくようです。

国会議員の方たちは、この点、たいへん良く知っているので、選挙のときだろうが、当選した後だろうが、すべからく握手をしてきます。逆にいえば、握手したかしないかで、政治が決まってしまって良いのですか？　ということになってしまうのですが、もちろん良いわけがありません。でも、これが現実の政治の一面なのです。

⑦ 外交・防衛とは？

政治には「内政」と「外交」の2種類があります。この本では第2部が内政問題、第3部が外交問題というふうに仕分けできます。両方とも重要な政治案件で山積みになっています。**世界には**（**国連加盟国として**）**193ヶ国**ありますが、日本がその193ヶ国と良好な関係を構築するために外交というものが存在します。外交には、大きくわけて**二国間外交**と**多国間外交**がありますが、前者は日本が各国と直接的にやりとりする外交で、多国間外交とは、国連といった場所やAPECといった組織を通じた外交をいいます。

外交問題には、さらに国を守るという「防衛」という分野があります。日本の平和と独立を守るために、防衛の執行を行っているのが自衛隊です。**自衛隊には、陸上自衛隊、海上自衛隊、航空自衛隊の3つの組織**があり、陸・海・空の3つを一体的に運用するための統括組織として**統合幕僚監部**が置かれています。防衛大臣は統合幕僚長を通じて、陸・海・空自衛隊に命令を発しますので、わが国の防衛の形としては**文民統制**（civilian control over the military 文民の防衛大臣が自衛隊を統制すること）になっています。

なお、外交・防衛問題は非常に重要であるけれども、国民の関心度は低いです。日本は島国であるため、他国のように隣接している国がなく、隣接しているがゆえのいざこざが少ないので、関心がなくても特段の問題が生じません。したがって、外交・防衛の意識は低く、そのために国会議員の関心も低くなっています。経済通や福祉通を「売り」にしている国会議員はたくさんいますが、外交・防衛を売りにしている国会議員が稀少であることからも、関心の薄さがうかがえます。

まとめ

第1章　政治の基本中の基本

1

日本の総人口は1億2700万人である。そのうち有権者は1億人である。

2

日本は民主主義制度を採用している。
民主主義の運用として、間接民主主義（代議士制）、立法・行政・司法の三権分立、多数決制、二院制、議員内閣制を採用している。

3

民主主義による決定は、そうでない決め方に比べて時間がかかり、たとえると「石橋をたたいて渡る」制度である。

4

国会議員は、衆議院に480人、参議院に242人、合計で722人いる。
選出の仕方には、小選挙区制と比例代表制の2つがある。

5

衆議院議員の任期は4年、参議院議員の任期は6年で、有権者が投票する選挙によって選出される。

6

自民党と民主党のイデオロギー的な差異はほとんどないと考えて良い。あえていえば、与党と野党の違いである。ただし、両党の支持母体は異なる。

7

「政治」とは広い意味で使われるものと、狭い意味で使われるものの2つがある。この本では民主主義の枠内で、政治家や有権者といった政治アクターがとる行動や、結果としての政策（狭い意味での政治）を中心に解説する。

8

狭い意味の「政治」には、内政問題と外交問題の2つがあるが、両方とも重要である。この本では第2部で内政問題、第3部で外交問題が詳述される。

第1章 付録

目まぐるしく変わる総理大臣

竹下登元総理は「歌手1年、総理2年の使い捨て」といったことがありますが、最近の総理大臣は2年ももちません。図1―4の通り、小泉純一郎元総理以降はほぼ1年ごとに交代しています。羽田内閣はたったの64日間でした。

なぜ短命政権になってしまったのかについて、海部俊樹内閣から野田佳彦内閣まで、以下のように、まとめてみました。

1　海部俊樹

宇野宗佑の参議員選挙敗北とリクルート事件をかかえる政治状況を受けて、バブルの絶頂期の1989年に海部内閣が発足。弱小派閥からの出身ゆえに短命政権で終わる。

2　宮沢喜一

大蔵官僚から転身した宮沢は73歳で首相に就任。竹下派の影響が強く、対抗しようとしたため、結局、竹下派だった小沢・羽田グループが造反して、1993年内閣不信任案決議が衆議院を通過したため総辞職することになった。

3　細川護熙

1993年8月の衆議院議員選挙で自民党が過半数を割り、1955年の結党(55年体制)以来初めて野党に転落して、

7党の連立内閣を組んだ日本新党の細川護熙が首相に就任。当初高い支持率で長期政権と思われたが「佐川急便スキャンダル」等により突然辞任。

4 羽田孜

細川総理から羽田総理へ非自民連立内閣の総理に選出されたものの、すぐに連立を組んでいた日本社会党が脱退して、過半数を割ったために在任期間2ヶ月という戦後2番目の超短命内閣となった。

5 村山富市

自民党は、脱退した日本社会党と新党さきがけと連立内閣を組んで社会党の村山富市を首相に選出。つかの間の55年体制崩壊から、自民党が政権与党に復活した。村山総理も、2代続いた非自民党内閣から自民党主導内閣への橋渡しをしたにすぎず、2年未満の短命政権として終焉。

6 橋本龍太郎

村山総理の辞任を受けて、自民党総裁選挙で小泉純一郎に勝った橋本龍太郎が政権を担当したが、消費税を5％に引き上げたため、98年の参議院選挙で敗北し、その責任を取る形で辞任した。

7 小渕恵三

自民党総裁選挙で再び小泉純一郎などに勝利した小渕恵三が首相に選出された。公明党と自由党と連立内閣を組むものの、2000年5月に脳梗塞のため他界。

8　森喜朗

小渕総理の突然の他界を受けて就任したが、国民から支持されず短命で政権を失う。とくに「神の国」発言など、問題発言が多く、歴史的低支持率（10％未満）が続き、辞任に追い込まれた。

9　小泉純一郎

森退陣後の自民党総裁選挙に勝ち、総理大臣に就任。国民の支持率が非常に高く、4年以上の長期政権となった。外交手腕、政権運営等に優れ、郵政民営化に尽力。「自民党をぶっ壊す」のスローガンのもと、自民党守旧派との対立軸を作り出し総選挙に圧勝。多数の小泉チルドレンを生みだした。

10　安倍晋三

対北朝鮮強硬姿勢が評価された安倍晋三が、麻生太郎や谷垣禎一を自民党総裁選で破り総理に就任。事務所経費問題、年金問題等、さまざまな問題が噴出して支持率が低下。2007年参議院選挙での大敗を受けて、最終的には体調不良を理由に1年で総理を辞任。

11　福田康夫

小泉内閣時に内閣官房長官として手腕を発揮したことから評価されたのち、麻生太郎を自民党総裁選で破り、首相に就任。内閣支持率も徐々に低下して、安倍晋三に続き1年で首相を辞任。

12　麻生太郎

自民党総裁選に4度出馬したのち、最終的には石破茂等を破り、首相に就任。KY（漢字が読めない）など、国民の支持率が著しく低下、2009年8月の衆議院議員選挙で、自民党が大敗。この選挙によって50年以上続いた「55年体制」が完全に崩壊した。

13　鳩山由紀夫

2009年の衆議院選挙によって民主党が絶対過半数をとり、鳩山由紀夫が首相に就任。社民党と国民新党と連立政権を組み安定政権を図ろうとしたが、政権に不慣れな民主党であったこと、官僚依存から政治主導を目指したものの腰砕けになったこと、米軍普天間基地移設問題等による対米外交の失敗から、小沢一郎民主党幹事長とともに1年足らずで辞任した。

14　菅直人

2010年の民主党代表選で小沢一郎を破り、鳩山辞任を受けて首相に就任。参議院選挙で惨敗して「ねじれ国会」を悪化させるとともに、3月11日に発生した東日本大震災の対応のまずさで国民の支持が得られず、内閣支持率は急低下。民主党内からも辞任要求が多数出ていたが政権に固執し、さらなる政治混乱を招いた。最終的には2011年8月に辞任。

15　野田佳彦

2011年8月の総裁選で、海江田万里など4人の候補を破り民主党代表となり、第95代総理大臣に就任。消費税問題、国務大臣の失言などにより徐々に支持率が低下。

わが国の場合、右記のようにそれぞれの内閣が短命な理由はさまざまですが、首相が1年ごとに交代すると、長期的展望にたったイニシアチブをとることができません。最近では唯一、小泉純一郎氏だけが国民からの高い支持率を背景として強力なリーダーシップを発揮し、郵政民営化等を実施した程度です。

図の通り、1989年から2011年までの約22年間において、15人の総理大臣がかわっています。たとえば大統領制の米国と比較すると3倍です。このような状況でどうして一貫した政策、長期的展望にたった政策を打ち出すことができるでしょうか？　とくに、国民に対して短期的には迷惑をかけるが、中長期的には多大な利益をもたらす政策を提示し、理解を求め、立法府において法案を通すことができるでしょうか？

それは無理な話です。無理であるから、めまぐるしく変化する世界に対応できない日本があるのです。対応できないから、現在、あちこちで問題が噴出しています。

図1-4　1990年以降の歴代総理大臣、一覧

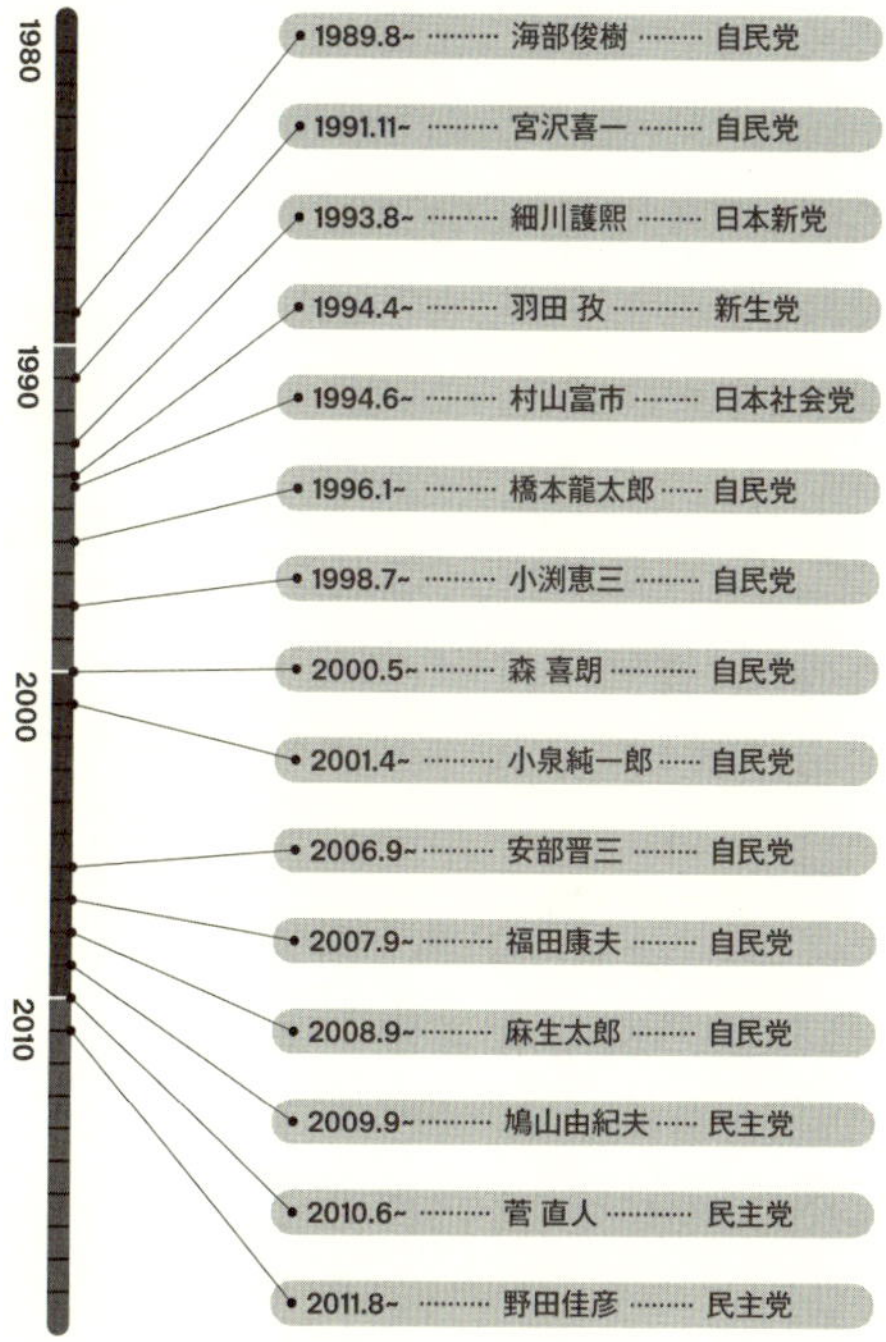

期間	氏名	政党
1989.8~	海部俊樹	自民党
1991.11~	宮沢喜一	自民党
1993.8~	細川護熙	日本新党
1994.4~	羽田 孜	新生党
1994.6~	村山富市	日本社会党
1996.1~	橋本龍太郎	自民党
1998.7~	小渕恵三	自民党
2000.5~	森 喜朗	自民党
2001.4~	小泉純一郎	自民党
2006.9~	安部晋三	自民党
2007.9~	福田康夫	自民党
2008.9~	麻生太郎	自民党
2009.9~	鳩山由紀夫	民主党
2010.6~	菅 直人	民主党
2011.8~	野田佳彦	民主党

第2章

政治の理想と現実

まずは前章の要約から入り、この章の本題である、間接民主主義の理想と現実について解説してゆきます。

第1章では、「政治」の意味について言及しました。政治という言葉にはいろいろな意味がありますが、前章では大きく分けて2つの意味について明確にしました。広い意味の政治と狭い意味の政治でしたが、この本では原則として狭義の意味の政治について解説する旨述べました。狭義の意味の政治とは、有権者や政治家や官僚や特別利益団体といった政治アクターがとる行動とその結果としての予算や政策ということになります。

民主主義という政治制度の枠内で、このグループに属する人たちが政治に関わってゆくわけです。本来ならば、日本人全員が意思決定をするのが理想なのですが、現在の総人口1億2700万人の人々が、教育、防衛、社会保障といった予算をどのように配分するか、消費税率をどのようにするかなどの一致した意思決定をすることはほぼ不可能ですし、知識もありません。したがって、専門に行う代表者として政治家を選出するのですが、この制度を**間接民主主義**と呼んでいます。

民主主義の最も基本的な関係は、図2-1の有権者と政治家の関係であるわけです。**有権者と政治家は選挙を通じて、お互いの資産を交換しあうのが基本原則で、有権者は政治家に貴重な1票を、政治家は有権者に政策や予算の分配を提供します。**私たちの消費行動と同じですね。欲しいモノをお金で手に入れるのが商取引ですが、民主主義制度では、有権者の票がお金、政治家の政策が財とサービスとたとえることができます。

もう一つは**多数決の原理**です。政治家と有権者の関係というよりも、たくさんの政治家が集まったときの決め方のルールですが、多数決とは、100人いたら51人の賛成で決定されることをいいます。

よく「数の力」とかいいますが、数に絶対的なパワーが存在します。「少数意見の尊重」とか中学校の教科書に載っていたかと思いますが、少数意見は尊重されません。そんなことをしていたら、多数意見が尊重されなくなってしまいますから。日本人特有のみんな仲良くみたいな甘い世界ではないのです。半数が取れるか取れないか、それが絶対的な意味を持ちます。

日本のメディアは「**数の論理**」、あるいは「**多数派工作**」という言葉を使って、過半数を取ろ

図 2-1　間接民主主義の形

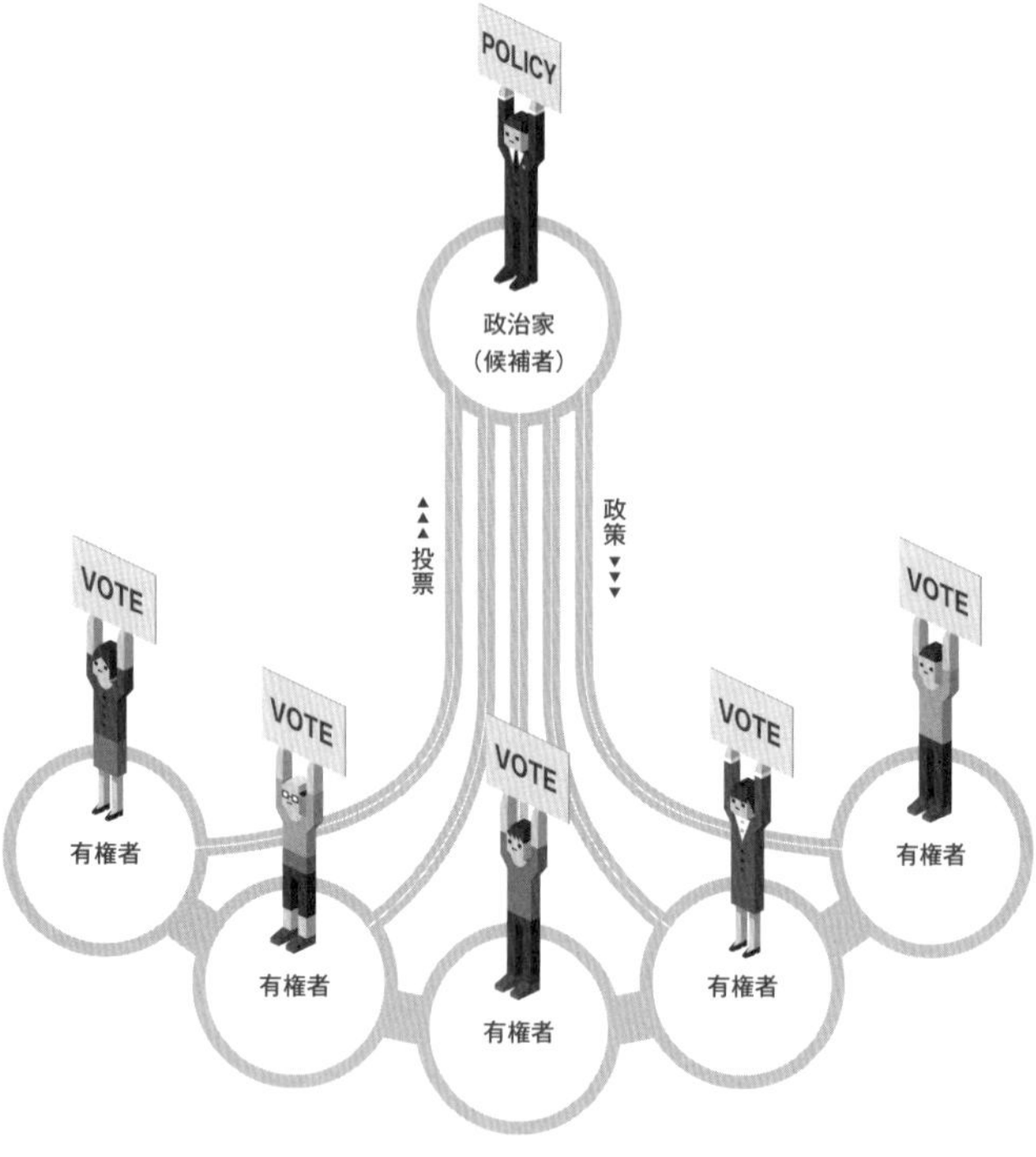

うとする努力を過小評価したり、悪いことのようにみなしたりする傾向がありますが、間違った報道の仕方だと私は思います。「数の論理」大いに結構、「多数派工作」当然のことです。善も悪もありません。それが嫌だったら、多数決の勝ち組になれるように、政治に参加しましょう、ということです。

政治の実際（票取引）

「多数派工作」、「数の論理」について、よくわからないと思われる読者もいるかと思いますので、一つの例をあげて説明します。

例として次のようなケースはいかがでしょうか。この日本に政治家が3人いて、「日本は原発（原子力発電）をどうすべきかを決める」ことにします。話を明確にするために、政治家は3人しかいないものとします。

図2-2が要約したものです。どのくらい原発に対する意見が強いか弱いかをお金で表現していいます。金額が少なければ少ないほど、意見が弱いということになります。

さて、この原発問題はどちらの意見が通るのでしょうか？

一見すると、AとCが原発に賛成で、Bが反対ですから、原発の是非に関しては2対1で

図 2-2 「原発」に賛成か反対か？

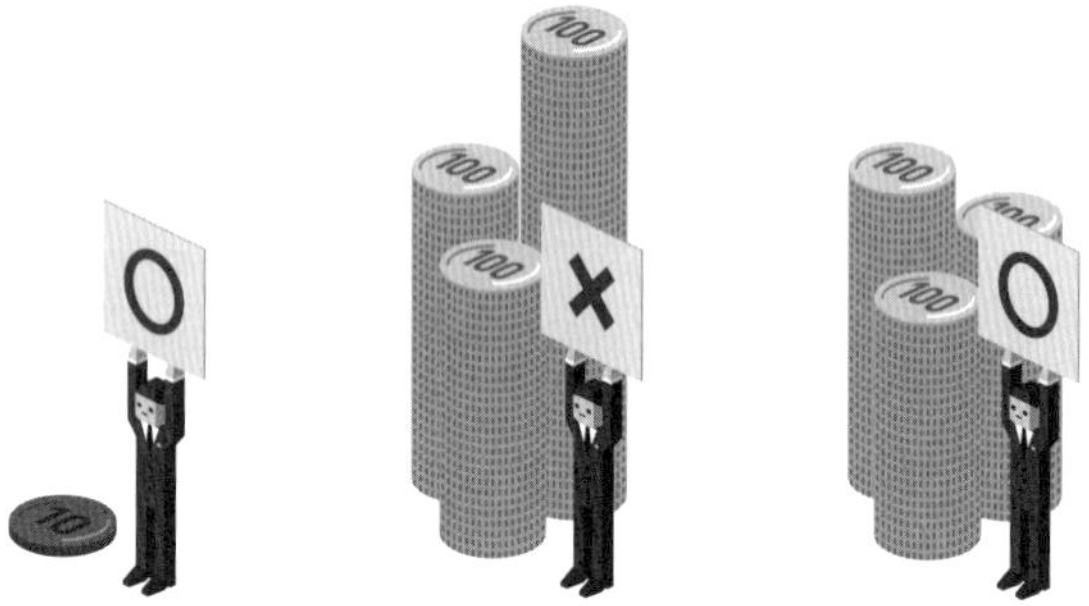
政治家 A
原発に
「賛成」
意見の強さをお金で表すと
「10 円」
政治家 B
原発に
「反対」
意見の強さをお金で表すと
「100,000 円」
政治家 C
原発に
「賛成」
意見の強さをお金で表すと
「80,000 円」

賛成になると思われるかもしれません。しかし、私たちの意見には強いとか弱いというものが常に存在しているものです。図2-2ではBがたいへん強く原発に反対しています。他方、Cはかなり強く原発に賛成しています。Aの場合は、金額にしてたったの10円ですから、どちらかといえば賛成という程度のものです。

ここで交渉が開始されます。「かけひき」といったり、「多数派工作」といったり、「裏工作」といったり、「政局」といったり、そのときどきに応じて、いろいろな呼び方がありますが、要するに政治取引です。政治学では「**票取引 logrolling**」と呼んでいます。

どのようなことが起こるかというと、まずBはAに接近して、賛成から反対にまわってくれるように頼みます。Aは嫌だといいますが、Bが、11円提供するから(11円に相当する見返りの政策を提供するから)賛成から反対に回ってくれといわれると、当然、立場を翻して、反対になります。

そうするとCが黙っていません。Cも強い意見を持っていますから、Aに対して12円提供するから再び賛成に回ってくれと交渉します。当然Aは再び賛成に回ります。そうすると再びBが交渉します。そしてAは再再度寝返ります。このように水面下では法案を通すために、票の裏取引が何度も行われるわけです。

図2-2の場合、最終的にどうなるかというと、CがAに対して79999円(分の政策)を提供すると宣言しますが(自分の80000円を上回ることはできません)、BがAに対してそれ以上を提案します(正確にはBからAへ80010円分の別の政策を取引します)。

というわけで、Aは賛成から反対に変更します。Aは、そのかわり、80010円相当分の利益を享受することになります。Aは大儲けですね。でも、もちろん、Aは8万円あまりの利益をもらったとは絶対にいいません。「日本人の国民感情に鑑みると、原発を現時点で行うのは早急すぎるとの結論に達した」とでもいうに違いありません。**大義名分**というのはどんな形でも作ることはできるものですから。

ここでのポイントを理解できましたでしょうか?

わが国の民主主義が多数決の原理を採用している以上、「票取引」は常に存在しています。過半数を取れるか取れないか、それが、政治家や政党にとっては生命線です。取れれば勝ち、取れなければ負けです。ただし、その取引は私たちの目に触れることはありません。水面下で行われているものですから、実際に何が起こっているのかは立法府の国会議員にしかわからないものです。

また、この票取引、いいとか悪いとか善悪の判断でもありません。私たちも会社勤めをしていれば必ず行っていることですし、学校にいても、あるいは、夫婦間の意思決定でも、まったく同じような取引が存在しています。

たとえば、夫婦(恋人同士)でどこのレストランに行きたいかの交渉も同じです。お父さんが焼肉屋、お母さんがイタリアンに外食したいときには、強い意見を持っている方が交渉しようとします。お父さんが「今日は、おれのおごりだから、焼肉屋に行こう」ということになったりします。票をお金で買う、しょっちゅう行われていることなのです。

ただし、図2-2でいう「お金」は現金取引ではありませんので念のため。一昔前まではそのようなこともあったでしょうが、現在ではそのようなことはほとんどなくなりました。それよりも**政策を交換する**ということの方が一般的です。Aが「今回は原発に対して賛成から反対に回るが、その代わり、わが党が力を入れている別の案件Xに対して、賛成してくれ」といった取引です。

政治の理想と現実

政治の現実が少しずつみえてきましたでしょうか?

さて、それではわが国の政治制度に戻って、立法府の国会議員と有権者の関係をみてゆきましょう。

現在の総議席数は、衆議院が480議席、参議院が242議席でした。衆議院は480議席ですから、過半数をとるためには241議席が必要になります。どの政党も241議席を獲得することを至上命題として選挙に臨みます。さらに、議長や委員長をとったときに生じる議席減を考える、いわゆる**絶対過半数**が269という議席数になりますので、241という**単純過半数**の他に269議席という数字も覚えておいて下さい。

現在の政党のなかで単独で過半数をとれる実力がある政党は自民党と民主党の2つだけです。残りの小さい政党は過半数をとり政権奪取を目指すというよりも、大政党にくっついて**連立政権**を目指し、連立のなかで自分の政策をとりいれてもらうという手段をとります。

選挙はお金がかかるものですから、300選挙区に1人の候補者を立てるとなると莫大な資金が必要となります。ひところは3億円くらい必要といわれていましたが、最近では1億円くらいで済むともいわれますので、300選挙区×1億円＝300億円必要ということになりますが、それでも大金です。政治資金が集まる大きな政党でないと政権奪取は難しいのです。

この国会議員722人は誰のために働いているのでしょうか？ この問いかけの答え、簡単なようで難問です。この答えがわからないと政治がみえてきませんので、じっくり解説します。

国会議員の理想像からいえば、「お国のため」です。私たちの代理の人たちですから、国会議員は総合的に日本を良くするために働いているというふうに定義することはできます。しかし、これはそもそも不可能です。なぜなら、日本という国が国会議員を選んでいるわけではないし、また「日本を良くする」といっても国民一人一人の考えは異なるわけですから、「お国のため」といったあいまいな表現では国会議員は政策を打ち出すことができません。

戦争に勝つとか領土を守るといった一元化できる政策に関してなら、「お国のため」に働くということができますが、防衛予算を国家予算の何%にすべきかとか、消費税を何%に引き上げるべきか、という政策に関しては、「お国のため」という定義があいまいになってしまうのです。消費税を何%にするのが「お国のため」だかわかりませんものね。

それでは、国会議員は「国民のために働いている」ではどうでしょうか?

これも的外れです。日本人全員が投票して国会議員を選ぶわけではありませんから。たとえば防衛予算を国家予算の何%にすべきかは、人によっていろいろな答えが出てくるでしょうし、一概にいえないということです。国民1億2700万人のコンセンサスを得られない以上、国民のためとはいえないわけです。

このように、国会議員がいったい誰のために働いているのかを突き詰めてゆくと、最終的にたどりつくのが、選挙区という小さな集団になります。衆議院の場合、全国を300の選挙区に分けていますので、有権者1億人を選挙区で割ると、一つの選挙区にだいたい33万人います。

33万人の有権者のうち、棄権して投票しない人が毎回30％くらいいます。棄権者を除くと残りが約23万人。23万人の過半数、せいぜい12万票を獲得すれば当選できるわけです。

したがって、**国会議員とは、自分の選挙区のなかで自分を支持して、選挙時には自分に毎回投票してくれる12万人の人々のために働いている**と究極的にはまとめることができてしまうのです。

どんなにすばらしい理想をかかげても選挙で落ちてしまえば、ただの人、失業者。他方、もし当選すれば、年収２０００万円あまりの高給取りになる。誰だって、失業者か高給取りかの選択肢なら、絶対に高給取りです。したがって当選するためには、日本のあるべき理想像というあいまいな考えは消え去ってしまい、選挙区で自分を支持する12万人が納得する政策を掲げることになります。

具体的には、もし国会議員が東京の小選挙区ならば、サラリーマンに向けた政策になりますし、もし国会議員が地方の農家の多い選挙区ならば、農家への手厚い手当とか高齢者への社会福祉の充実という政策をかかげます。各々の選挙区の事情に応じて、国会議員というのは政策を提言せざるを得ないというのが実情です。

これが選挙、これが国会議員の実態、これが民主主義というものなのです。

有権者の理想と現実

それでは、図2-1のもう一方の当事者、有権者はどうなっているのでしょうか？政治家に理想と現実があったように、有権者にも理想と現実が存在します。有権者の理想とは、自分の代わりに政治を行ってくれる最良の候補者を選ぶ、ということになります。間接民主主義における有権者の使命ですね。

ただし、最良の候補者を選ぶためには、最低限次の2つのことをしなければなりません。

(1) 選挙に際しては、棄権せずに投票する。
(2) 最良の候補者が誰であるか知るだけの充分な政治知識（政治リテラシー）を持つ。

毎回選挙に行って、最良の候補者を選び、その候補者が当選して政治家になり、最良の政策を実行にうつしてもらうというのが間接民主主義の理想像ですが、これは理想であって現実の姿ではありません。無理な話です。

なぜ現実の有権者は、「毎回棄権せずに」、「充分な政治リテラシーを持つ」有権者という理想像とは程遠いのか？

これを理論的に解明する仮説が2つあります。一つは「**合理的棄権仮説**」といい、もう一つは「**合理的無知仮説**」といいます。両方とも政治学では基本となる仮説です。

①合理的棄権仮説

まず「合理的棄権仮説」を説明します。この仮説によれば、合理的に考えられる人（つまり頭が良くて利己的な人）ほど、選挙では棄権する、となります。

前述したように、通常は小選挙区といえども、有権者は33万人くらいいます。もし全有権者が投票したとすると、自分の1票は全体の33万分の1にしかならないです。家族4人で同じ候補者に投票したとしても33万分の4人。全体の0.001%にしかならない。ということは、自分1人くらい棄権したからといって微々たるもの…。逆に自分1人くらい投票したからといって大勢に影響を与えるものではない。したがってわざわざ貴重な日曜日に投票所に行って時間を使うよりも、選挙は棄権して他に楽しいことをする方が賢い選択であると考える、というのがこの仮説のいわんとするところです。[2]

2　第3部で解説する「囚人のジレンマ」という問題が生じている状況である。

確かに棄権をするのは決して無知な人ではなく、世の中の仕組みを充分に理解している人も棄権することが多いようです。実際に選挙に関わる動向を調査してみても、**浮動票、無党派層**（特定の政党支持のない有権者）の学歴は、そうでない人より高い点がしばしば指摘されています。つまり高学歴者は棄権する確率が高いということです。要するに、**合理的判断の結果として棄権している**、のです。

ただし、費用対効果の面から投票することがプラスになる場合もあります。この仮説によれば、次の4つの条件のうち、一つでも満たされれば、投票することが合理的判断とみなされます。

(1) 小選挙区において、候補者が拮抗して、自分の1票で結果が大いに左右されると認識される場合。
→たとえば、2人の候補者の差が100票しか違わない場合には、自分の票の重さは33万分の1ではなく、100分の1となります。こうなると投票する方が合理的判断となります。

(2) 選挙に関わる時間、エネルギーのコストが微小な場合。
→たとえば、投票所が家から10 km離れた場所にある場合にはコストが高いが、投票所が家の隣にあると時間的にはほんの数分で済みます。

(3)自分の持つ時間やエネルギーが多大にある場合。
↓たとえば、仕事を退職して年金生活をしている人には時間がたくさんあるので、選挙を棄権する理由はその分少なくなります。
(4)選挙結果が重大な影響を自分に及ぼすと認識された場合。
↓ある候補者が自分のイデオロギーに近いので当選してもらいたいと強く願うような場合や、ある候補者が大嫌いで、ぜひ反対の候補者に勝ってもらいたいときなどです。

つまり、拮抗する候補者がいる選挙区の有権者、時間がたくさんある人(退職した人)、投票日である日曜日に忙しくない人、強いイデオロギーを持つ人(公明党支持者や共産党支持者)ほど、投票する可能性があるということです。その逆に、土日に仕事がある人、強いイデオロギーを持っているわけでも支持政党があるわけでもない人々、結婚前の交際期間にある男女(若者)や仕事が忙しい人などは、棄権する傾向にあります。

確かに20歳代の投票率は世代間のなかで最も低く、ほとんどの場合、50%未満です。他方、最も投票率の高いのは60歳代で、ばらつきが大きいものの、だいたい75%程度といったところです。この点は大変重要なので、第3章で詳しく述べます。

さて、それでは戦後から現在までの衆議院と参議院の実際の投票率(図2-3)をみてみま

図2-3　衆議院と参議院の投票率の推移

■ 衆議院議員総選挙投票率（中選挙区・小選挙区）　■ 参議院議員通常選挙投票率（地方区・選挙区）

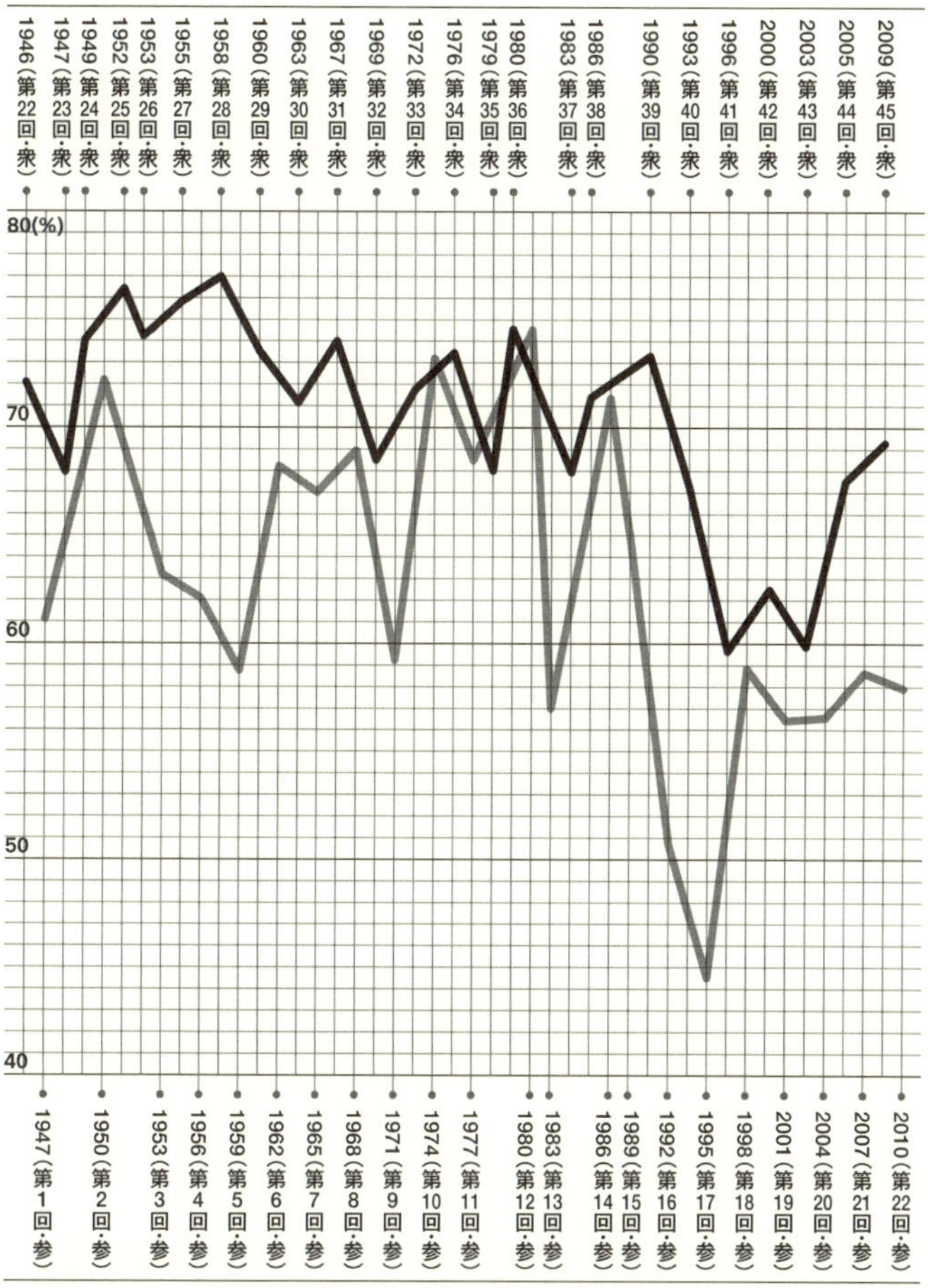

出典：総務省

しょう。図2−3からは3つの重要な点がみえてきます。

第1に、衆議院の投票率も参議院の投票率も決して高いとはいえないということです。最も高いときで、1958年衆議院選挙の76・99%でした。このときでさえ、4人に1人が棄権していることになります。投票に際しては、4人に1人以上がずっと棄権してきたという事実があります。

第2に、衆議院の投票率の方が参議院より常に数%高いです。有権者の関心は、解散総選挙が頻繁に行われる衆議院の方が高いことによるようです。確かに「**衆議院の優越**」といわれるように、衆議院の方が参議院よりパワーを持っていますので、ふだん政治に関心のない有権者も衆議院の選挙には参加するようです。

第3に、両院の投票率は下降トレンドにあります。衆議院選挙では1958年がピーク、参議院選挙では1980年をピークに下降して、前者では1996年に59・65%、後者では、1995年に44・52%と戦後最低の投票率を記録しています。その後、徐々に回復していますが、現在では衆議院の投票率は70%程度、参議院では60%弱といった感じです。

②合理的無知仮説

この棄権の多さに関して、もう一つ、仮説があります。2つめの有権者に関わる仮説は「**合理的無知仮説**」といいます。

この仮説の要旨は、**頭の良い人ほど、政治には関心がない、政治的知識はゼロに近づく**、というものです。[3] この「合理的無知仮説」の要旨は次の通りです。

――有権者が情報を得ようとする場合、金銭や時間、労力などのコストがかかる。もし有権者が合理的であるならば、情報の獲得によって得られる効用がそれらのコストよりも大きい場合のみ情報を得ようとする。しかし、有権者が民主主義国家において政治と関わるのは、一般的に選挙における投票時のみであることを考えると、有権者は4年や6年に1回程度しか行われないことに対してわざわざ知識を得るのは、馬鹿げていると考える。つまり、政治に関する情報を持たない方が合理的であるため、政治知識的に無知になる…。

確かに必要と思っていない知識を得ても無意味ですから、合理的に無知になるのはしかたがないことです。ただし、右記の「必要と思っていない」という点が重要で、実際には必要な

3 巻末参考文献のAnthony Downs（1957）参照。

のですが、必要がないと思ってしまう人もいるので、その程度の差が政治リテラシーの差になるようです。確かに、**政治リテラシーの多寡**は人によって存在します。やたら政治の知識を持っている人もいれば、まったく知らない人もいます。

知識の多寡をもたらす要因は何なのでしょうか？　私はこの点について研究を行ってきましたが、その結果、６つの要因が主なものであることがわかりました。[4]

⑴　教育程度

学歴と政治知識には正の相関関係があります。高い学歴を持つ人ほど、政治知識が多い。これはきっと政治知識だけが多いのではなく、あらゆる知識が豊富なためで、そのなかの一つが政治経済に関連したものであるととらえるべきでしょう。具体的には、中等教育以下の教育を受けた者のなかで政治知識が高いと定義された人は、21・８％しかいなかったのに対して、高等教育を受けた者は44・１％、高等教育以上は65・０％で、教育程度が高いほど、政治に関する知識が上がる傾向があります。したがって、教育機関でさまざまな知識を得ている過程で、政治知識も習得しているであろうことが推測されます。

4　森川友義他「有権者の政治知識に関する実証分析」、２００５年『選挙学会紀要』。

(2) 職業

職業別にみると、**公務員の知識が圧倒的に高い**です。公務員とは行政府によって雇用された公務従事者のことを指しますが、その職務の公共性のために政治全般に関心を持つのは当然で、地方公務員は地方政治、国家公務員は国の政治に関心が高いと推測されます。公務員の給料は、政治家が予算を通過させてはじめて手にできるわけですから、その意味でも関心が高い。政治の動向が自分の給料に関わっているのです。

次に高いのが、一般の勤め人（サラリーマンとOL）、さらに自営業と続き、専業主婦が最も知識のない人たちになっています。

(3) 組織加入

私たちはさまざまな団体に所属していますが、その所属団体によっても知識に差が出ています。最も高い知識を持っているのが、ボランティア団体に所属している人たちです。続いて生協・消費者団体に所属している人たち。高度の政治知識を有しているのは、団体に所属することによって得られる知識という側面と、そもそも政治意識が高いので、そういう団体に所属しているという側面の両方から、政治知識の高さにつながっていることが考えられます。

(4) 年齢

年齢が上がるにつれて、政治知識が上がるというふうに考えられますが、調査の結果、そうともいえないことがわかりました。政治知識の多寡は、年齢の上昇とともに20歳代前半から60歳代前半まで続き、その後急激に知識量が減少してゆきます。25歳代前半も低いですが、仕事を退職した人たちも低いという結果が出ました。

たぶん「**ライフ・サイクル効果**」が大きいのでしょう。ライフ・サイクル効果とは、年齢の変化が個人のライフステージの変化として表れて、社会との関わり方が変化し、それによって受ける影響のことです。たとえば、税金を納めるようになったときに、政治に対する関心が高まり、政治知識を得るようになるかもしれません。

(5) 政治関心

政治は、日々新聞やテレビのニュースなどで報道されるので、その政治報道を趣味のように追いかけている人がいます。趣味は、政治の動向をみること、なんていう人もいます。この人たちの政治知識は多いと予測できますが、確かに、自分が政治に関心があると思っている人は、知識にも優れていました。

(6) 政党別政治リテラシー

支持政党別の政治知識量というのも調査しました。どんなことがわかったのか？

一言でいうと、自民党や公明党の支持者よりも、民主党、社民党、共産党の支持者の方がより多くの知識を持っているという結果になりました。

アンケート調査を行った2003年の時点では、与党が自民党と公明党で、他の政党は野党でした。**与党支持者よりも野党支持者の方がより多くの知識を持っている**のは当然かもしれません。なぜなら、与党を支持する限り、特別の新しい知識は要求されません。現状維持で良いわけですから。ところが、野党を支持するためには、野党の特色を知らなければならない、何気なく与党に投票というのは、理解できても、何げなく野党に投票というのは危険です。与党に反対し、野党に賛成するにはそれなりの根拠を示す必要がある。したがって、それなりの政治知識を持っていることになるのです。

このように、国会議員にも理想と現実があるように、有権者にも理想と現実があります。国会議員はお国のために働いているわけではなく、①選挙区において自分を支持してくれる有権者のために、②次回の選挙においても当選する確率を上げるために働いている、とまとめることができます。

他方、有権者は、①政治リテラシーを充分に持っているわけでもなければ、②選挙に欠かさず参加しているわけでもない、ということがいえます。もちろん、政治リテラシーの偏りは存在していて、教育程度が上がれば上がるほど、年齢も（ある程度）上がるほど、組織に加入していればいるほど、野党の支持者であればあるほど、政治的な知識を持っているといえます。

政党間競争

民主主義の現実としてはこのような図式になるのですが、個々の政治家の集まりであるのが政党という集団で、こちらも民主主義を理解する上で重要です。なにしろ政治家一人一人が意思決定しようとしても、国会において過半数をとれなければ、法律が作れません。したがって、政党という集団として行動する必要があります。実際には、各党の部会あるいは**政務（政策）調査会**において、いろいろな政策をすり合わせて、党として一つの政策にしてゆきます。

このように政党が、過半数をとろう、政権を担当しようという競争を「**政党間競争**」といいます。「政党間競争」とは「2大政党が競合しあって、政権交代を繰り返す」という政党政治の一つの理想型です。このような競争原理は、私たちの日々の買い物とまったく同じ仕組みになっていて、**市場経済メカニズムが機能**しています。いくつかの商品(政党)があって、安くて質の良いものを買いたい(投票する)という消費者(有権者)心理と同じメカニズムです。競争があるから、よりよい政策が提言されるのであって、一党独裁といった競争のないところでは腐敗が起こります。

1955年から2009年までのいわゆる「**55年体制**」で、自民党が1年のブランク(1993~94年)を除いてずっと与党として政権を担っていたことは日本にとって必ずしも良くなかったといえます。代替すべき日本社会党が、有権者にアピールする政策を提言できなかったという事実もありますが、結果として、日本の民主主義の成熟という側面からみると、好ましくない時代でした。

現職の国会議員はなぜ有利なのか?「プロスペクト理論」からの答え

第2章の最後に、政党の政策提言と国会議員の選挙における勝ち負けの関係について知っていただきます。

政党間競争が働いているといっても、政党の政策提言がどのようなものであれ、現実には当選の確率が非常に高い候補者と、どうやっても難しい候補者がいます。

とくに**現職の議員は選挙に強い**です。なぜ現職は強いのでしょうか？ ちょっと小難しい政治学の話になっていて恐縮なのですが、プロスペクト理論という経済学の理論から説明できます。

人間の心理のレベルで、与党あるいは野党に投票するかどうかの判断は、リスク（及び不確実性）にどう対処するかの問題と考えることができます。私たちの将来の行動はすべてリスクを伴うものなので、このようなリスクに対して、私たちがどう対処するかの心理的メカニズムを知っておくと、政党支持の問題が明確になってきます。[5]

まず、次の問いに答えて下さい。

> 次の選択肢のうち、どれを選びますか？
>
> (1) 100％の確率で（絶対に）10万円がもらえる。
> (2) 50％の確率で20万円がもらえる。
> (3) 10％の確率で100万円がもらえる。
> (4) １％の確率で１０００万円がもらえる。

いかがでしょうか？ 答えを決めておいて下さい。それでは、もう一つ。

次の選択肢のうち、一つ選ぶとしたら、どれでしょうか？
(1) 100％の確率で（絶対に）10万円、失う。
(2) 50％の確率で20万円、失う。
(3) 10％の確率で100万円、失う。
(4) 1％の確率で1000万円、失う。

両者の問題は似ているようですが、答えはかなり違ってきます。前者も後者の問いも、良く考えると、**期待値**がみな同じで前者が10万円の利得で、後者が10万円の損失です。たとえば、この両方の問いを1万人の人に訊いて、本当に実行して、総和を計算すると、限りなくゼロに近づいていきます。一人一人が得られる金額は異なっても、全体では前者が10万円の得、後者が10万円の損となりますので、全体の損得勘定ではゼロです。

期待値は同じだが、実際の選択はリスクの度合いによって異なる、それがこの問いの重要な点です。

多くの人は、最初の問題では(1)か(2)を選び、後者の問題では、逆に(3)とか(4)を選んだのではないでしょうか？

欧米諸国あるいは日本における政治学、経済学での実験では、このような問題を被験者に訊いてみると、だいたいそのような答えが返ってきます。

このような人間の習性を「**プロスペクト理論 prospect theory**」と呼んでいます。[6]プロスペクト理論の骨子は次の通りです。

――リスクに直面した人間は、獲得できる利得が「得」の領域（gains frame）なのか、あるいは「損失」の領域（losses frame）なのかでリスクに対する対応が異なる。「プロスペクト理論」では「得」の領域に関わる状況（右記の問いでは前者）では、人間はリスクに対して実際よりも高く見積もるために、リスクを回避する傾向があるというように保守的に行動するが、「損失」の領域の状況（右記の問いでは後者）ではリスクに対して実際よりも低く見積もるために、リスクに寛容になる傾向が高い。

この「プロスペクト理論」を選挙時の候補者の選挙公約と有権者の投票行動に応用するとどうなるか？

たとえば、与党の候補者が「私に投票してくれたら、経済成長率は1％上がります」という場合と、野党の候補者が「私に投票してくれたら、経済成長率は1％上がります」という場合

5 なお、ここでは話がややこしくならないように不確実性（uncertainty）とリスク（risk）とは同じというふうに仮定しておく。

6 D・カーネマンとA・トヴァースキー（1979）という経済学者が思いついた理論で、カーネマンは2002年にノーベル経済学賞を受賞している。

の2つがあったら、ほぼ必ず、与党の候補者が勝ちます。同じ政権公約だったら、何もわざわざ野党に投票する必要はないのです。この辺のところ、野党の候補者はよく考えてないのではないかと思えてきます。訴えている内容は、与党なのか野党なのかわからない場合も散見します。同じことをいったら、現職が勝つのは当たり前です。

それでは、野党の候補者はどうしたらよいのか？

「私に投票してくれたら、経済成長率は1・2％になります」ではどうでしょうか？　ここではじめて、勝敗がわからなくなります。わかりやすいように、与党の候補者から得られるものを100％として、野党の候補者から得られるかもしれない確率を80％としておきましょう。すると、「経済成長率1・2％×80％＝0・96％です。したがって、もし野党の候補者が勝ちたいのだったら、「経済成長率を1・3％にします」（1・3％×80％＝1・04％）というふうに主張してはじめて、与党候補者の1％公約より上回ることができます。それ以下ではだめ。

何が言いたいかおわかりいただけましたでしょうか。与党の戦略と野党の戦略は異なるのです。野党はどうしても、国民がリスクをとりたがらない分、かなり誇張して有権者に訴えなければならない。なにしろ、「正」の領域では、人間はリスクをとりたがらないので、与党の方がリスクは明らかに少ないです。

さらに、もし野党が、数字を誇張して訴えると、与党の方からも、「その算出方法はおかしい」とか「財源はどうするのか？」とかいろいろ疑義が呈されることになりますので、もっともらしい数字を提示するにしても限度というものがあります。また与党としては、野党に数字の根拠を出させるか、あるいはただ単に「その数字は絵空事」と一言いってしまえば、それで国民は納得してしまう場合も多いですから。というわけで、失言とか汚職で問題をおこさない限り、理論的には、**現職は常に有利**になるようにできています。

ところが、プロスペクト理論でいう「負」の領域での政策はどうか？「負」の領域の最大のトピックはなんといっても**消費税率引き上げ**問題ですね。消費税は、最終的にはスウェーデンといったスカンジナビア諸国並の20％台への引き上げは不可避です。少子高齢化のトレンドを考えると、もう絶対に避けられない不可避の問題です(第6章で詳述)。これを争点に考えてみます。

与党の候補者が、「私が当選した暁には、消費税を15％に引き上げます」という場合と、野党の候補者が同じように、「私が当選した暁には、消費税を15％に引き上げます」という場合を比較してみると、与党がいう場合は100％の確率で15％に必ず引き上がりますが、野党が主張した場合には、前述の80％の確率である分、実際には、もしかすると15％に引き上がることはないかもしれないという期待が出てくるわけです。この分、野党の方が有利です。プロスペクト理論によれば、「負」の領域では、リスクに対して寛容になりますので、野党への期待がさらに高まり、ここはひとつ野党に投票してみようかという話になります。

というわけで、消費税問題だけは、現職が不利です。今までの政権もそうであったように、消費税のアップを実施しようとしたら、その内閣、確実に吹っ飛びます。

まとめ

第2章　政治の理想と現実

1

国会議員は理想としてはお国のために働くべきであるが、実際には自分の選挙区で自分を支持してくれる有権者のために働いている。

2

国会では「数の論理」、つまり全議員の過半数を獲得しなければ法律を作ったり予算を通したりすることができないので、政党という集団で行動している。

3

政党間、政治家間では「票取引」が常に行われているが、秘密裏であるために有権者の目にはみえてこない。

4

有権者は常に投票するわけではない（合理的棄権仮説）。しかし、候補者の得票数が均衡している、時間やエネルギーの消費が少なくて済む、有権者のイデオロギーが強い、といった条件が整うと、投票することが合理的判断となる。

5

有権者は必ずしも政治リテラシーが高いわけではない（合理的無知仮説）。
学歴、年齢、職業、組織加入等の変数によって政治リテラシーは影響を受けている。

6

政党間では競争原理が働いているが、その「政党間競争」という競争原理のために、
より良い政策が提供されている。

7

選挙にあたっては、現職の議員が圧倒的に有利である（プロスペクト理論）。
ただし、消費税の導入といった有権者に負担をかける政策を与党が提案した場合には、
野党の方が有利である。

第2章
付録

最新の政治学の研究から

第2章の付録として投票行動に関する**「遺伝学的研究」**（**進化政治学**）について解説しておきます。題して「遺伝子で投票パターンは決まっている？」です。政治学における投票行動の研究としては最も新しいものです。

「遺伝子で投票パターンは決まっている？」

なぜ私たちは、自民党を支持したり、民主党を支持したり、人によっては共産党を支持するのでしょうか？　教育の賜物なのでしょうか？　それとも学歴や収入によって変わるのでしょうか？

企業経営者、お金持ち、農業従事者が自民党を支持し、労働組合に所属している人が民主党を支持している、というふうに職業や年収で一応の色分けはできるかもしれません。創価学会信者は公明党支持者ですし、左翼系の人は社民党や共産党を支持しています。年齢的にいえば、お年を召すにしたがって、自民党支持者が増えてゆきます。

確かに、長い間欧米の政治学者（日本の政治学者は追随型なのでもちろんこの範疇に入ります）はこのような変数を使って実証研究を行ってきました。ところが、最近、**遺伝子によってどの政党を支持するのかだいたい決まっている**のではないかという仮説が出てきて注目されています。**進化政治学**者の私としては、この学説を支持しています。

進化政治学の観点から、現在最も注目されている分野の一つは、民主主義制度内における政治行動への遺伝的変数の影響です。人間の政治行動は、社会行動や経済行動と同じように、先天的影響を多分に受けている可能性があるということです。

人間の政治行動、さらには民主主義制度内における意思決定に先天的な遺伝子が密接に関係している、という主張に対して、違和感を覚えるかもしれません。民主主義という比較的新しい政治制度と、遺伝子という生来的なものに果たして相関関係があるのかという疑問も当然わくところです。

なにしろ、わが国の民主主義はせいぜい遡れるとしても、**1885年伊藤博文が初代総理大臣に就任**した120年あまりくらい前である一方、私たちの遺伝子は1万数千年前からほとんど変わっておらず、狩猟採集時代の統治形態は血縁関係に基づいた家父長制であった点に鑑みると、「**根源的メカニズム**」(遺伝子レベルの私たち)と、民主主義といった「**至近メカニズム**」(実際の私たちがとる行動)との間に齟齬が存在する、と思う方が自然です。しかし、最近の学説では、

遺伝子レベルで、自民党を支持するか、民主党を支持するか、だいたい決まる、とされています。

どうやってわかったかというと双子の研究です。

先天性がどの程度政治行動に影響を与えているのかを調べるには双子のデータは有効です。双子には100％遺伝子を共有する一卵性と50％遺伝子を共有する二卵性がある一方で、それらの双子が同じ環境で育った場合と、離れ離れになり異なった環境で育った場合の2つが考えられます。両者から2×2の4通り考えられます。

従来の政治学の見地に立てば、双子といえども、異なった環境に育てば（原因）、政治行動という従属変数（結果）とは相関関係がないということになります。他方、先天性を重要視する立場に立てば、異なった環境に育ったとしても、双子の政治行動は似かよって、さらに二卵性よりも一卵性の双子の方が、同じような政治行動をとる傾向があるとの仮説を立てることができます。

そこで、米国の政治学者のヒビング博士とアルフォード博士らを中心としたグループ（2004年と2005年の論文）が双子のデータを調べました。ヒビングらは被験者1700人あまりの双子に対して行った調査を用いて、政党選好、政治イデオロギー、国家政策等に関する政治態度について、後天的要因かあるいは遺伝的要因のどちらがより多く影響を与えているかの分析を行いました。その結果、びっくりするくらいに遺伝的要因が後天的要因を上回ったのです。

とくに政治イデオロギーの、保守かリベラルかの基軸で考えると、遺伝的要因に顕著な影響がみられたとしています。

どういうメカニズムなのでしょうか？

当該研究者は、先天性と政治行動との関連性について、生まれか育ちかといった伝統的論争、あるいは先天性が政治現象のすべてを決定するといった遺伝子決定主義でないことを強調しているですが、先天性とはあくまでも、政治現象に対して脳からメッセージが伝達され、それが政治行動を引き起こす要因の一つになるということであって、行動の基本的アルゴリズムに影響を与えるだけで、外的要因によっては、その行動に差異が生じるということです。

たとえば、両親が、ある特定の政党の熱狂的な支持者であるからといって、子供が同じ政党を同じ熱意を持って支持することにはなりません。遺伝的にホルモン、脳内神経伝達物質の多寡は決定されても、それが特定の政党支持に至るわけではなく、わが国の例でいえば、先天的に自民党や民主党の支持者になるといったことが、あらかじめ決められているわけではありません。

先天性の議論の要旨は、**ある政党を支持することが、特定の情動を作動させるメカニズムを提供する可能性が高い、そのために作動メカニズムが遺伝的に似ていると同じような政党志向になる**、ということです。革新的な政党のアジェンダは、現状の政策の転換を意味する場合が多いですが、その転換の可能性を予測したときに、喜・怒・哀・楽、不安、恐怖、期待感等の情動や感情のどのスイッチが入るかということであって、そのスイッチの入り方が、双子の研究によって明らかになりつつあるように、同じ遺伝子を共有している場合には、同じになる傾向が高いということです。

たとえば、与党を支持することは、政権交代を意味しないので将来への不安は少なく安定志向ということになりますし、野党を支持することは、政権交代を意味して、大丈夫だろうかという不安を持ちつつも期待感も同時に持たせてくれるものです。こういったリスクへの対処やそれに付随する情動メカニズムが先天的に似ていれば、同じようなスイッチが入るので、同じような政党を支持する傾向になるということなのです。

このように考えると、遺伝子といった総合的な研究から、テストステロンやエストロゲンといった男女特有のホルモン、ドーパミンといった神経伝達物質のレベルにまでさかのぼった内分泌学の研究、さらにはｆＭＲＩによって脳のどの部分が政治現象に対して反応しているのかといった認知科学の分野に立ち入った研究が必要になってくるのです。

なお、「投票参加」と先天性の関連性に関する研究も行われています。従来の政治学は投票参加に影響を与える独立変数は、収入、所属機関、宗教、政治知識、年齢、家族構成、教育程度等といった30あまりの後天的な変数であり、先天的な変数としては、せいぜい性差といったもののみでしたが、米国政治学者のJ・ファウラーら（2007）は、投票参加について遺伝的要因を独立変数として仮説を立てています。ファウラーらは、ロスアンジェルス地区の双子のデータを用いて、先天性、共有する環境、共有しない環境の3つのカテゴリーから投票参加との関連性を分析したところ、先天性が最も有力な変数であることがわかったとしています。また同じ論文において、全米規模の健康に関わる追跡調査のなかで、双子に関するデータを抽出して、同様に投票参加に関する分析を行ったところ、同じように先天性との有意の関連性を認めました。

つまり、**投票するか棄権するかも遺伝的レベルで決定されている!?**

第3章 40歳未満の有権者の過去と未来

第3章では、40歳未満の読者に特別の視点をあてて、将来、この国はどうなってゆくのかについて詳細に解説します。

日本の将来に暗澹たる気持ちになってしまうかもしれませんが、現在の状況から容易に予測できる事態で、日本という国が根本的にかかえる問題でもあるので、章を分けて検討することにしました。

すでに、第2章において、現在までの衆議院と参議院の投票率について解説しました。徐々にですが、投票率は減少傾向にあり、現在では衆議院選挙では70%前後、参議院選挙ではだいたい60%前後になっていることは前述しました。

しかし、この数字は有権者全体の数字であり、世代ごとの数字ではありません。40歳未満の読者、とくに20歳代、30歳代の有権者がどのくらいの投票率なのかは是非知りたいところで

図3-1 衆議院議員選挙年齢別投票率の推移

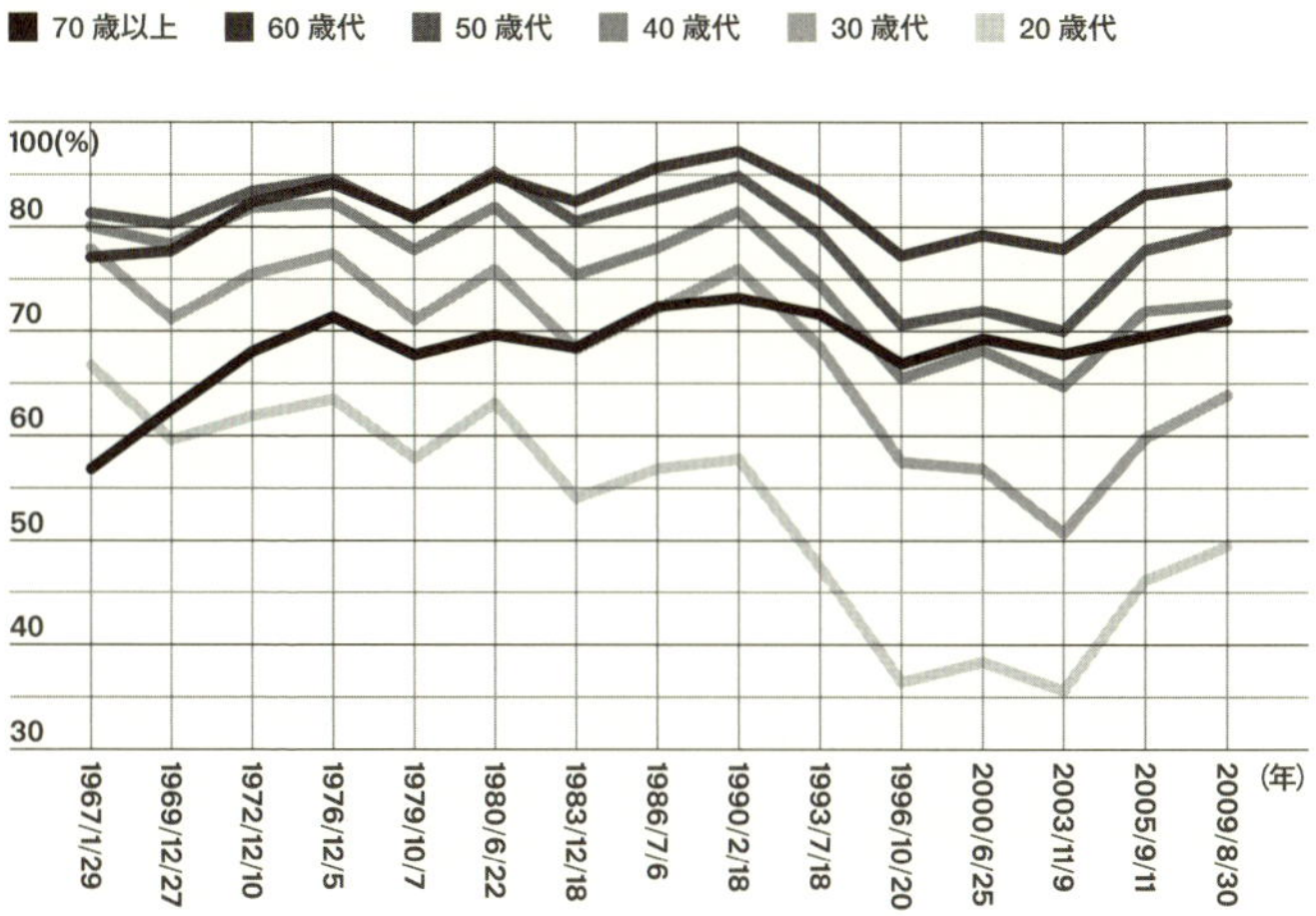

出典：総務省

す。参議院と衆議院でほぼ同じ傾向を示していることから、衆議院選挙に絞って検討してみます。

図3-1は1967年から2009年までの衆議院議員選挙の年齢別投票率です。この図から明らかなように、20歳代と30歳代の投票率は、平均すると、最も低い投票率に属しています。

1967年の選挙では70歳代の投票率が最も低かったですが、現在では30歳代の投票率も追い抜いています。70歳代の老人がいかに元気になったかの証左と考えられるかもしれません。投票所の設置が整備され、自分の家から投票所までの距離がそれほど遠くなくなったことも投票率が上がった原因の一つでしょうが、なんといっても医療の発達のおかげで、お年寄りが健康になったことが最大の投票率上昇の原因です。

１９６７年には、30歳代の投票率は、40歳〜50歳代の次に高かったものの、２年後の１９６９年の選挙では60歳代に抜かれ、１９９３年の選挙からは70歳代の有権者にも抜かれてしまいました。

比較すると、**若者は選挙に行かない傾向がある**ということがいえるようです。政治の動きに無関心で、政治リテラシーは決して60歳代以上に比べて低いわけでもないのに、投票率に結びつかないようです。合理的棄権仮説の傍証となる年代が、20歳代、30歳代の若者といえるようです。

１９６７年といえば、45年以上も前のこと、当時25歳だった男女も現在では70歳を越えています。当時は選挙に行かなかった若者が年齢とともに選挙に行くようになったということになります。その意味で、現在、40歳未満の方々もいずれは投票所に行くことが予想されます。ですから、年齢とともに投票率が上がるので、よしとすべきなのでしょう。

しかし、日本の人口動態からすると、年をとってから投票するから今はいいやというような発想では、大きな問題が生じることを知っていただきたいと思います。

なぜ現在の若者は投票しなければならないのか？

間接民主主義制度の原則にしたがって、そのロジックを詳細します。２００９年衆議院選挙での有権者総数は１億300万人あまり、全体の平均投票率が69・28％だったので、約７２００万人が投票したことになります。問題は、年齢による投票率にバラつきがある点で、最も低かった年齢層は20歳〜24歳の46・66％、最も高かった年齢層は65歳〜69歳で85・04％でした。この投票率の年齢別順位は過去20年以上ずっと同じです。

年齢別差異は、誰が当選するのかという選挙結果に影響を与えるばかりでなく、実際の政策にも多大な影響を与えることになります。２００９年の衆議院選挙の例で述べれば、35歳未満の人口総数は２３００万人でしたが、実際の投票率は53・86％、したがって１２００万人あまりが投票したに過ぎません。

他方、70歳以上の総有権者数は２０００万人、投票率は71・35％であることから、実際の投票数は１４００万人あまりとなり、70歳以上の有権者は、総有権者数では劣っていても投票総数では35歳未満の若者を凌駕したことになります。

このような世代間の「逆転現象」は、当然、政党のアジェンダ、マニフェスト、さらには予算配分に直接的に影響することになります。選挙にあたって候補者は「若者を生かす街づくり」

と訴えるよりも、「お年寄りが安心して住める社会の構築」と訴えた方が、当選する確率が高くなりますし、予算配分もお年寄りに手厚く、若者にはその分薄くという政策が行われます。一般予算や補正予算では、社会保障などといった60歳以上の有権者を念頭においた予算を重点的に配分し、もし税収に見合った歳出で不足する場合には、赤字国債を発行して（まで）予算手当をすることになります。

このようにしていったん箍《たが》が外れた赤字国債発行という禁じ手は、橋本内閣、小渕内閣、さらには森内閣によって、バブル崩壊後の経済の立て直しという名目で用いられることになったわけですが、残念ながらさしたる効果が出たわけでもなく、財政赤字という負の遺産だけが雪だるま式に増えたに過ぎませんでした。小泉内閣では赤字国債が相変わらず増加したものの、プライマリー・バランスの黒字化の達成を２０１１年までに行うという方針がとられたことは評価できました。しかし麻生内閣によってこの方針が反古にされ、先送りされてしまうという結果となってしまいました（この点は第6章で詳しくお話しします）。

投票数はいつ逆転したのか？

先ほど、若者の総数は70歳以上の高齢者を上回っているが、実際の投票数では劣っている

と述べました。当然、

(1) いつ逆転現象が生じたのか？

(2) 将来はどのような世代が数の上で最も力を持つのであろうか？

の2点について疑問がわくことでしょう。

図3-2は過去と将来を合わせた80年間分の年齢別投票総数の推移と推定を表したものです。まず(1)の、若者と高齢者の有権者数と投票数の逆転現象はいつ生じたのかについて…。

70歳以上のお年寄りは、1993年までは投票率が20歳よりも低いか、あるいは若干上である程度であったこと、また絶対数も最も人数が少ない世代でもあったことから、投票数も圧倒的に少なかったのですが、20歳代〜30歳代の投票数が急激に減少するのと反比例するかのように60歳代〜70歳以上の投票実数が年を追うごとに増加して、1996年衆議院選挙になると、70歳以上の投票数が20歳代の投票数を凌ぐことになりました。**わが国の選挙の歴史において1996年の衆議院選挙が一つの大きな分岐点であった**、といえます。

70歳代の投票実数は、さらに、2000年衆議院選挙では30歳代をも凌駕して、2003年選挙では20歳代、30歳代に加えて40歳代の投票数も上回り、2005年では60歳代さえ凌

図3-2　年齢別投票総数の推移と推定

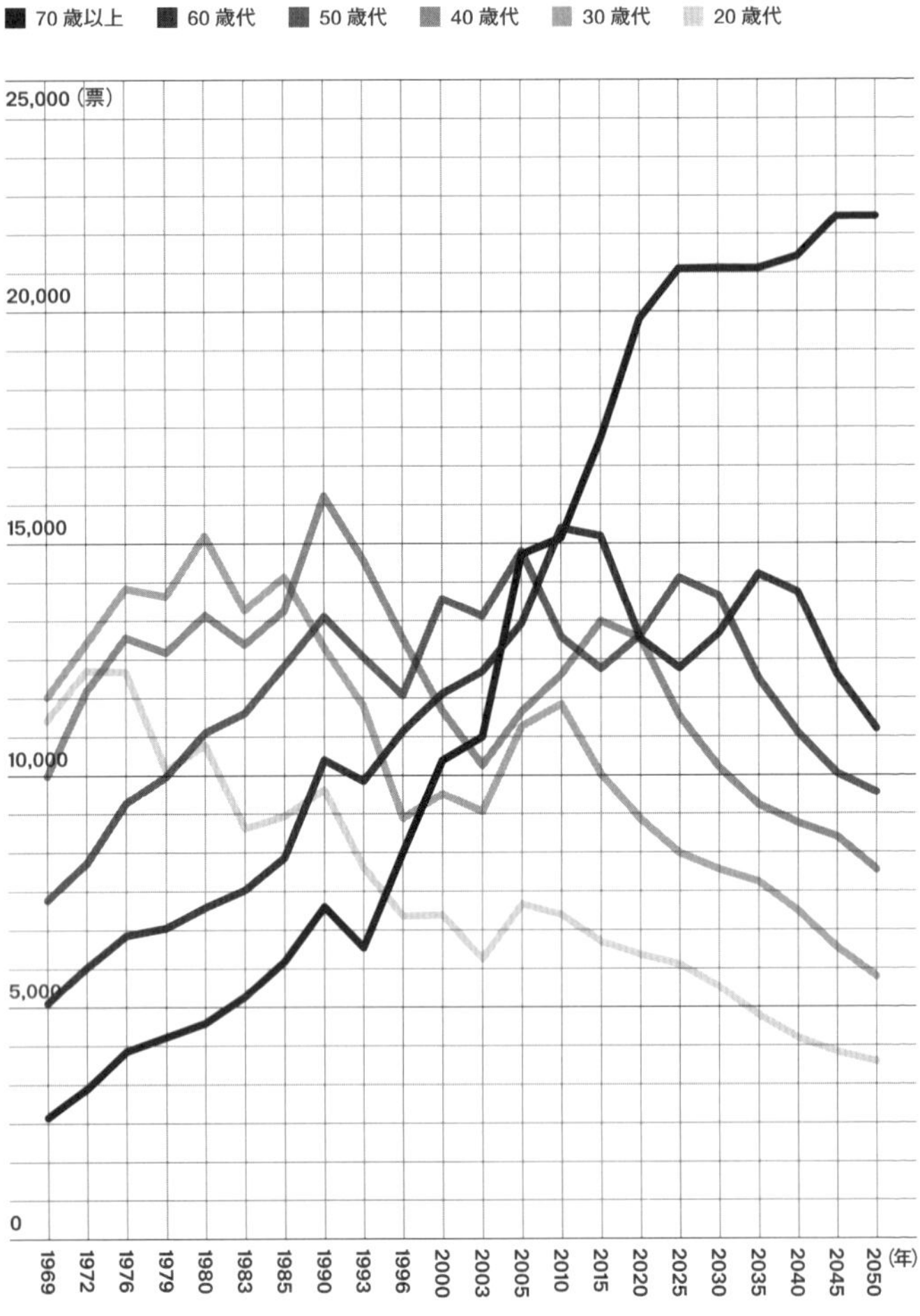

※将来の人口推定は、国立社会保障・人口問題研究所の中位出生、中位死亡値から算定。
投票率は2009年衆議院選挙と同じと仮定。縦軸の単位は1,000票。

駕したのでした。

他方、20歳代の若者は1969年では投票数の上で30歳代とほぼ同じで、最も影響力をもつ世代であったにもかかわらず、その後投票率と有権者数の激減により、1976年選挙では40歳代に抜かれ、1983年の選挙では50歳代、1990年には60歳代にも抜かれて、前述のように1996年以降では最も影響力を持たない集団となりました。

(2)に関しても、図3-2から読み取ることができます。

図3-2は、2009年時点の投票率が同じであるという仮定（また人口推計としては中位出生、中位死亡を使用）で算出したものですが、このトレンドが続くと、今後は、70歳代は、2015年には20歳代と30歳代を合算した投票数を、さらに2040年には20歳代～40歳代を合算した投票数を上回るであろうことが予想されます。

65歳以上の年金生活者というくくりでは、2050年には年金生活者（非経済活動従事者）と非年金生活者（経済活動従事者）がほぼ同数になってしまうのです。

政治的帰結は明らかです。当選し国会議員になるか、落選し「ただの人」になるかの選択を迫られる候補者にとっては、高齢者に向けた政策、年金生活者をターゲットとした政策をアピールしようとすることは当然であり、当選後は働かないお年寄りに手厚い予算配分を加速し、予算が限られているにもかかわらず、年金、介護、福祉の予算を減らさないという前提で考えれば、若い世代へのしわ寄せの象徴的政策である赤字国債を発行することによって解決しようとするのは必然となります。

なお、年齢別で考えれば70歳代、80歳代、90歳代といったような区分けをすべきなのでしょうが、政治的見地からは彼らは同じ集団です。なぜなら70歳以上の人々は大多数が年金受給者という一点で同じだからです。年金生活者、つまり働かない、所得税を納めない人々が日本の政治を動かす一大勢力となってきているのです。

若者は選挙に行かないせいで、大損している！

この章の最後に、一つ重要なデータを披露します。若者が選挙に行かないため（かつ、より多くのお年寄りが選挙に行くようになったため）にどれだけ、若者が損をしている（お年寄りが得をしている）のかというデータです。若者に警笛を鳴らすために、『若者は、選挙に行かないせいで、四〇〇〇万円も損してる⁉』（ディスカヴァー携書）という本を書いたことがあります。この本を書いたのは2009年でした。この本で言わんとしたことを要約すると次のようになります。

予算や政策というものは、誰かが得をすれば誰かが損をするというゼロサムゲームです。

前述したように、世代間で考えると、政治家は若者を犠牲にして、お年寄りが得をする政策をとりがちです。若者寄りに予算をつけたとしても、見返りがありません。それならば、確実に投票してくれるお年寄りに手厚く（若者の犠牲のもとに）予算をつけた方が、自分が当選する確率が上がるわけです。

その結果、予算措置を含めて、どの世代が得をして、どの世代が損をしているのかを計算したところ、図3-3のようになりました。

図3-3は世代間の受益格差です（この図での世代は2005年時点での数値ですので、その点考慮して下さい）。グレーの部分は政府の政策から得ている受益分の総額、斜線は税金等によって支払った負担額です。理想としては、世代間の差はゼロ、全員が受益と負担を合計するとゼロになるのが理想です。

しかしながら、一目瞭然…。**1943年以前に生まれた人たちは、なんと4875万円の得をしています**。他方、**1984年以降に生まれた若い世代は、合計で4585万円の損をしているこ**とになります。受益が少ないのに負担額はたいへん多いために、4585万円も負担を強いられているのです。

1974年〜83年の間に生まれ人たちも1660万円の損、1964年〜73年の間に生まれた人たちでさえも1202万円の損です。1953年以前に生まれた人たちは「**逃げ**

図3-3　世代間受益格差

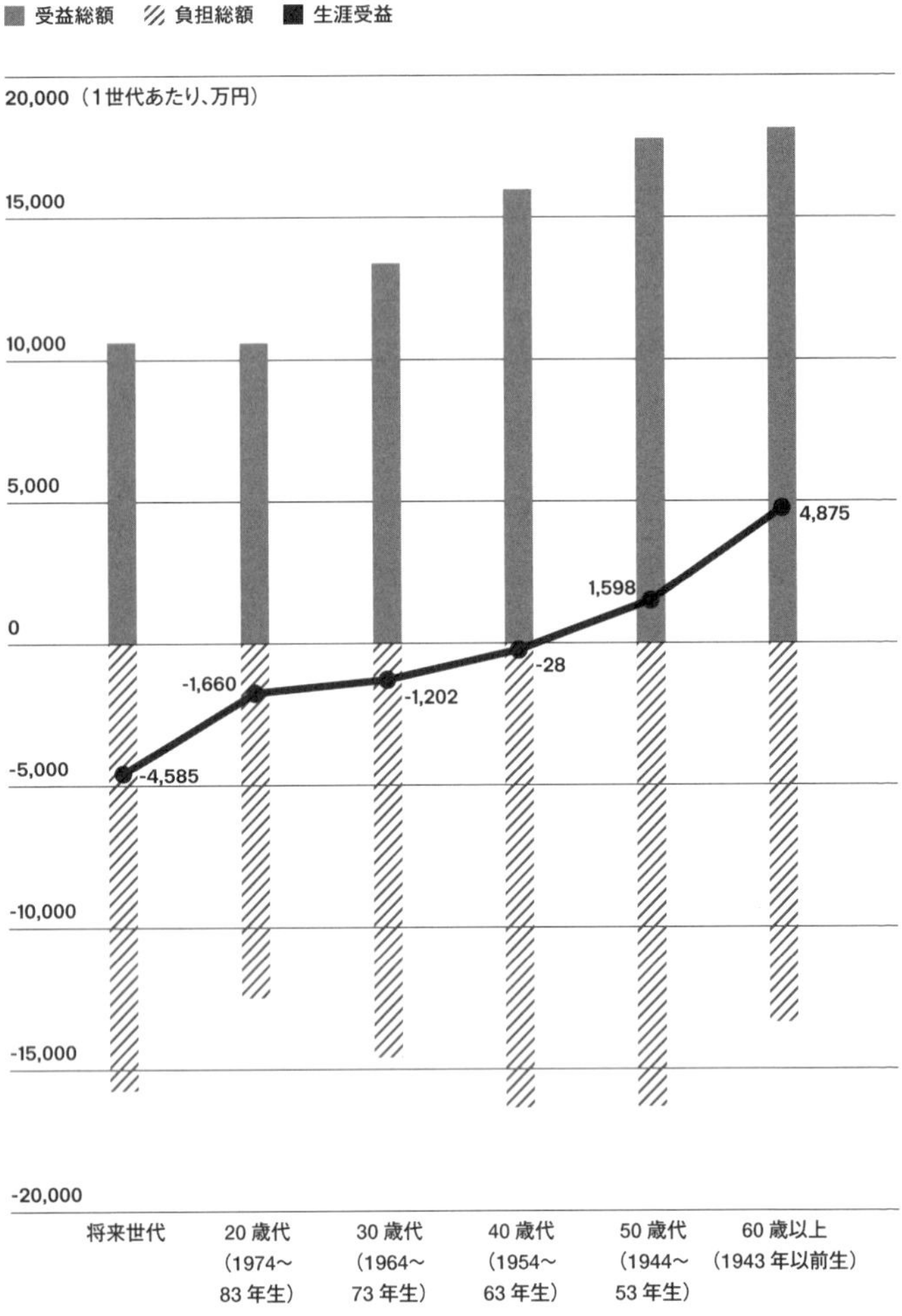

出典：財務省HP

切り世代」と呼ばれていて、政府からの受益の方が多いまま一生を終えることができます。

このような格差、ご存じなかったのではないでしょうか？　知らなくても現実に存在するのです。これが政治の恐ろしいところです。**投票すれば見返りがある、投票しないとしっぺ返しが待っている…**、しかも本人の知らないところで、です。

投票に参加することが如何に重要であるのか、わかっていただけましたでしょうか？

政治は何をしなければならないのか？

現在、20歳代の有権者総数が１４１２万人ですが、70歳以上の有権者が前回と同じ71・35％の投票率では１５１１万人となり、20歳代が全員投票したとしても、数の上では70歳以上の有権者が上回ることになります。したがって今のうちになんらかの政策をとらないと、70歳以上の高齢者が強大になりすぎて、どんなに強力な政党や支持率の高い内閣であっても、高齢者に痛みを応分に分かち合う政策に理解を求めても聞き入れられない可能性が高くなります。

この点を踏まえて、政治がしなければならないことは明白です。喫緊に実施しなければならない政策としては、２つ考えられます。

ひとつめは、**投票できる年齢を20歳から18歳に引き下げる**ことです。先進国では18歳以上に投票権を与えているにもかかわらず日本では戦後ずっと20歳以上です。第2部で詳しくお話しするように、財政赤字等、有権者になる前の世代、将来世代の人たちに影響を与える政策は数多くあります。そのために投票年齢の引き下げで政治の意思決定に参加することは当然の権利です。20歳から18歳に2歳引き下げることができたら、人数にして300万票程度が若い世代の投票数として増えるということですので、数の上で、高齢者の世代に対抗できるようになります。

2つめは、財政赤字といった負の遺産を次世代に繰り越すことを止めるべきで、とりあえず一つの目安としてプライマリー・バランスの黒字化を達成すべきです。世代間格差の原因になっているものの主因はこの国債の発行による財政赤字です（詳しくは第2部で述べます）。麻生内閣時代に先送りされた黒字化達成目標を元に戻し、2年ないし3年後には黒字化を達成しなければならないと、私は強く思います。黒字化によって財政赤字すなわち政府債務の累増から生じる借金の圧縮が可能となるわけです。

まとめ

第3章 40歳未満の有権者の過去と未来

1

世代ごとの投票率では20代が最も低く、続いて30代である。

2

世代ごとの投票率では、70代以上の有権者が顕著に上昇している。

3

若い世代の投票率が低いことに加えて、少子高齢化の影響により絶対数も減少していることから、若い世代の影響力が低下している。

4

世代会計から計算すると、若い世代は5000万円近く不利益を被っている。他方、お年寄りの世代は5000万円近くの利益を得ている。

5

世代間で不均衡が生じているのは、
若者が選挙に行かないことが影響していると考えられる。

6

少子高齢化が不可避のトレンドである以上、
２０５０年には65歳以上の年金生活者の投票実数と、それ以下の有権者の数がほぼ同数になる。

7

18歳以上の若者にも選挙権を与えるべきである。

第4章 特別利益団体と官僚の役割

間接民主主義の復習

この章の目的は、政治における特別利益団体と官僚の役割を知ることです。そのためには、まず第2章で掲げた図2-1（40頁）に立ち返って、民主主義の構造を復習する必要があります。この図2-1は、間接民主主義制度の基本的構造でした。政治の専門家である国会議員と有権者の関係です。

この関係を復習すると、国会議員は、本来ならば、日本国のため、日本国民のために働くのが理想ですが、実際には有権者33万人程度の小さい選挙区から選出されるため、国民のために働くのではなく、選挙区において自分に投票してくれる有権者のみのために政策を実行しようとします。

他方、有権者の方も政治の動きに精通する人でなければ、最良の政治家を選出することができません。しかしながら、原則として4年に一度の衆議院選挙、3年ごとに半数が改選される参議院選挙のためだけに必要な政治知識を脳のなかにため込む余裕があるのだったら、もっと直接的に影響を与える知識（仕事や趣味など）を増やす方を選びがちですので、政治知識については後回しになってしまいます。政治リテラシーを上げなくてはと思いつつも、どうしてもおざなりになってしまう。この仮説を「合理的無知仮説」と呼びましたが、私たちは、確かに政治知識をそれほど持っていないようです。中年以上の有権者もほめられる程度の政治リテラシーをもっているわけではないのですが、若い世代の人たちよりは、かなりましなレベルといえます。

ぜひ当選して、年収2000万円以上を稼ぎたいと願う国会議員は、どうやったら安定的に当選を繰り返すことができるのでしょうか？　頼りない一般の、知識をあまり持たない有権者の票があてにならないことだけは確かなようです。それでは誰の票ならあてにできるのか？

この点が、この第4章のテーマです。国会議員に大きな影響を与えることができるグループが2つあります。2つの影響力のある団体とは、「**特別利益団体**」と呼ばれる圧力団体、もう一つは行政府の「**官僚組織**」、とくに中央官僚です。

日本政治の仕組みを知る上で非常に重要な点ですので、しっかり学んでいただきたいところです。

特別利益団体とは？

特別利益団体とは、**圧力団体**といって良いかもしれません。しかし、「圧力」というと必ずしも良くない行為を指すため適切な表現ではないようで、最近では「特別利益団体」という、「特別の利益を持ち、政治に働きかける団体」という言葉を使うようになりました。

日本でも世界でも、特別利益団体は多数存在します。私たち有権者が知らないだけです。日本で最も良く知られた特別利益団体は、たぶん、農協（JA）や宗教団体、労働組合といった大きな団体でしょう。たとえば宗教団体には信者がいて、その票の威力は小選挙区ではそれほどでもありませんが、比例代表制の議席数には大きく威力を発揮します。日本ではお葬式は仏教方式で行われるので、仏教の宗教団体は、大きな影響力を持っているものです。なにしろ、日本人1億2700万人のうち、仏教徒は公称9000万人ですから。その宗教を背景とした力を行使すると大きいものがあります。

特別利益団体が行使できるパワーの源泉は、2つです。

一つは**組織票**と呼ばれているもの。「選挙のときにまとまった票を提供するから、当選した後には、自分たちのために働いてくれ」という交換を行う材料です。この組織票、たいへん大きな力を持っています。

もう一つは、**政治献金**です。候補者が選挙に勝つためには多額の選挙資金が必要です。国会議員は、政治資金規正法という法律に則り、毎年さまざまな団体や個人からお金をたくさんもらっています。選挙資金がないと当選することができません。これ、絶対的真理。

政治アクターとしての特別利益団体

さて、特別利益団体と、すでに学んだ国会議員と有権者との基本的な関係を知ることで政治の動きを知りたいものです。

(1) 特別利益団体⇕有権者
(2) 特別利益団体⇕国会議員

の2つが考えられますが、ここでは、まず(1)を述べて、次に(2)を詳述してゆきます。基本的

図4-1　特別利益団体、有権者、国会議員の三角関係

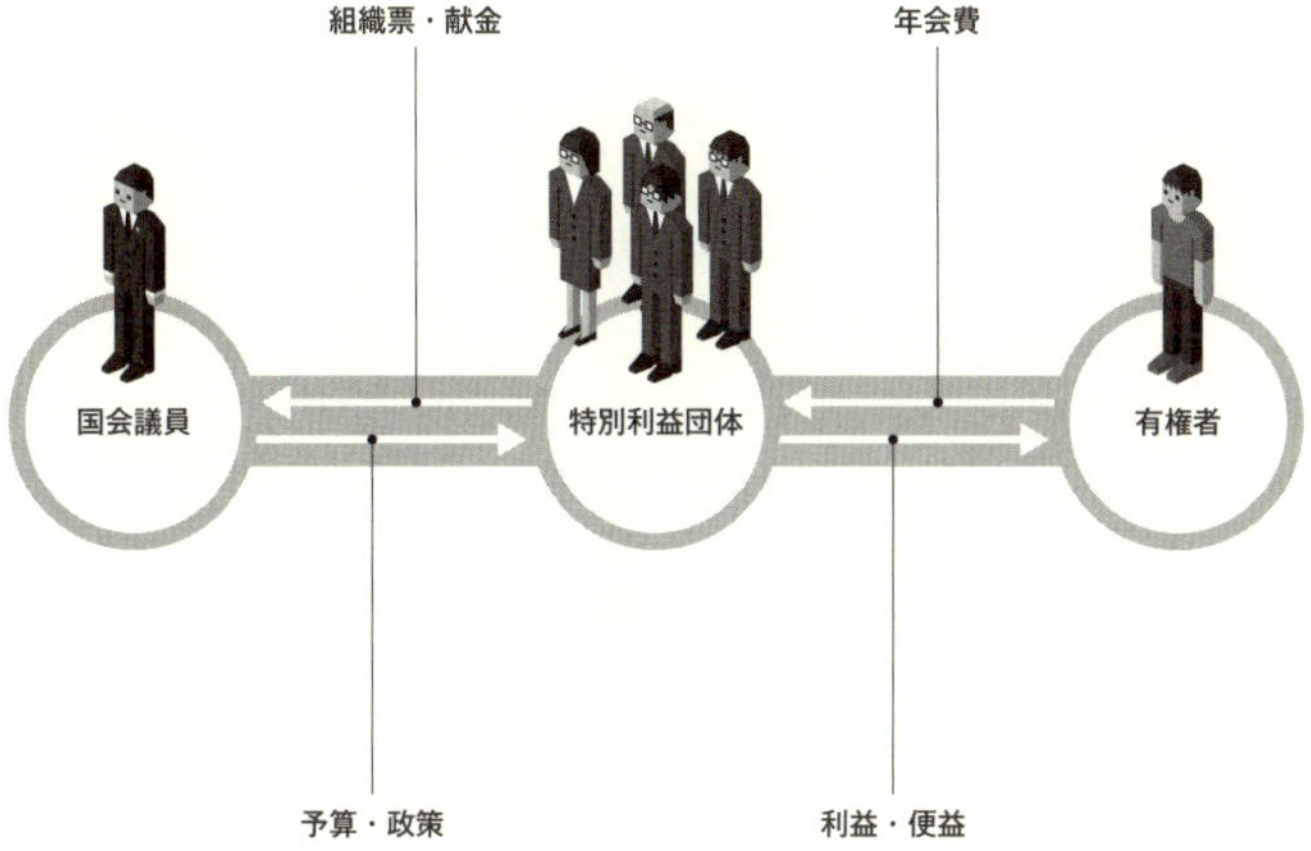

関係は図4-1に示しました。

①特別利益団体と他のグループの関係

まず、(1)の「**特別利益団体⇔有権者**」の関係です。

日本の特別利益団体の実数は把握しづらく、よくわかっていません。NGO・NPOも特別利益団体と考えられるかもしれませんし、他方、農協や大企業は強力な特別利益団体です。(フェルミ推定として)日本の政治に多少の影響力のある実数は10万程度、というふうにだいたいの数字で考えておきましょう。そのうち、

自民党に政治献金をしている数は6万あまり。さらにそのうちのいくつかは民主党にも同時に政治献金をしているようです。

次に(2)の**特別利益団体⇕国会議員**の関係です。

すでに述べましたように、特別利益団体から国会議員に対しては、組織票と政治献金が与えられます。他方、国会議員から利益団体へは、国の政策(予算や法律)が与えられます。時には農業を守る政策だったり、橋や道路を作る政策だったり、宗教団体を課税対象外にする法律だったりします。

両者の関係は、**政治献金と組織票を受ける見返りとして、立法府・行政府はさまざまな政策を行っている**と考えるのが自然です。逆方向からみれば、各々の政策は、一般の有権者を犠牲にして行われているものもあります。団体に属さない一般の有権者が損をして、特別利益団体に入っている一部の人々が得をしている、という構図です。繰り返しになりますが、私たち一般の有権者は、そのような構図を理解するほどには知識を有していないので(合理的に無知状態にいるので)、その事実はなかなか把握されていません。

図4-2　大口献金団体のトップ3

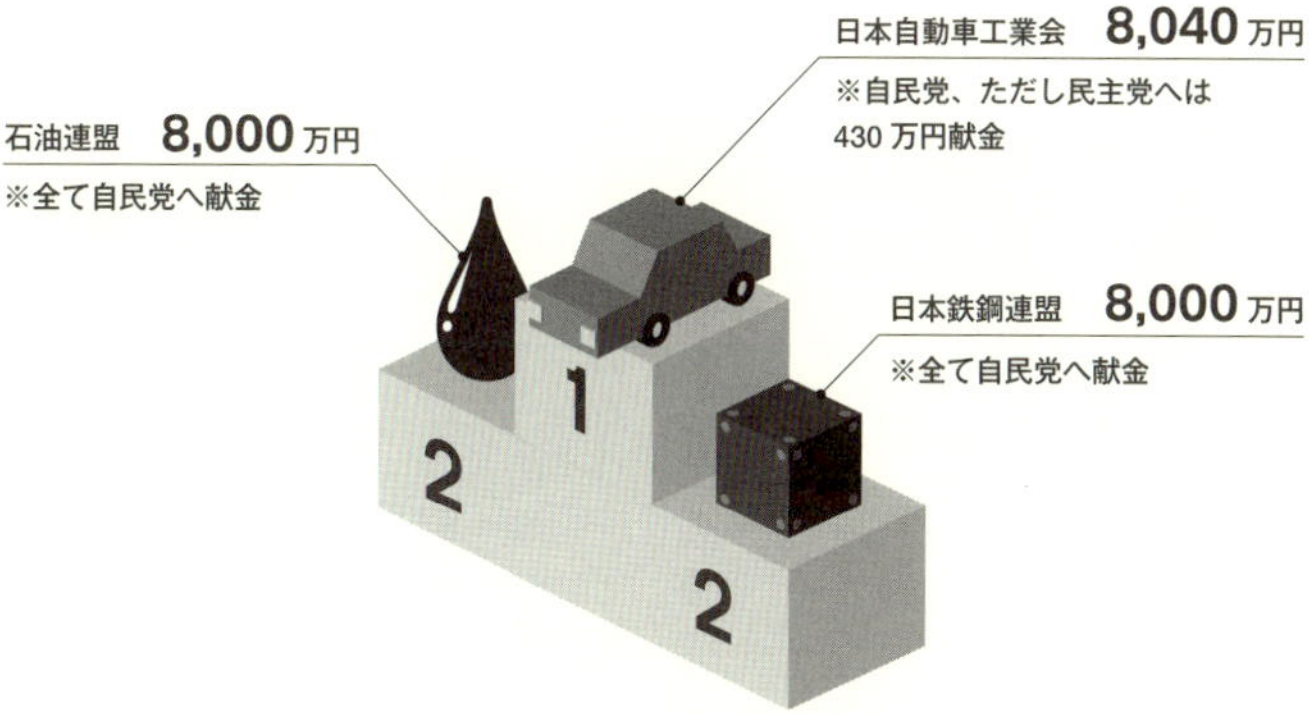

② 政治献金

大口献金団体のトップ3をみれば、特別利益団体と国会議員の関係、さらには実際の政策もみえてくると思われます。

図4-2が大口献金団体のトップ3（2009年）です。第1位は**日本自動車工業会**です。この団体は、いすゞ自動車、川崎重工、トヨタ自動車、日産自動車、本田技研、ヤマハ発動機等、自動車とオートバイを生産している14の会社が集まって作った連盟ですが、そもそもわが国には14社しか関連企業はありませんので、利益団体の形成は比較的容易でした。連盟という形で業界がこぞって国会議員に（実質的には自民党に）影響を与えようとしているということです。

第2位の**石油連盟**と**日本鉄鋼連盟**も構造的に

ほとんど同じです。ご存じのように石油業界とか鉄鋼業界は業種的に安定し、かつ従業員の平均収入は、他の流通やメーカー業種よりも高いのですが、その要因の一つは多額の政治献金と組織票がめぐりめぐって、高額の給料に跳ね返っているということです。

2009年から導入された「**エコカー減税**」というのを知っていますか？　正式には自動車重量税・自動車取得税の特例措置というのですが、環境対応車への買い替え・購入に対する消費者への補助金制度です。新しく自動車を買うと、国から補助金を受けて、通常より安く買えるというシステムです。環境対応車といっても、自動車に乗れば二酸化炭素を排出しますので、地球環境に悪影響を与えることは自明、「エコ」の概念からは真逆の措置です。それなのに、どういうわけか自動車を買うと環境に良いという理由をつけて税金が投入されました。論理的におかしいですよね？

しかし、図4-2からすると、なぜエコカー減税が生まれたのかみえてきます。前年の2008年9月のリーマンショックで日本及び世界経済は大打撃を受け、世界的な不況にありました。当然輸出産業の一つである自動車産業も窮地に陥っていました。その自動車産業への不況打開策が、エコカー減税だったのです。

エコカー減税がなければ、自動車産業、石油、鉄鋼産業は、さらに大きな悪影響を受けていたはずですが、このような団体からの多額の献金によって、落ち込みもそれほどではなかったといえるでしょう。

このように、私たちの税金は国に吸い取られ、予算として再配分されますが、多額の献金をしてきた業界には優遇された予算措置がとられるということです。

③ 組織票

2つめのパワーの源泉は組織票です。組織の構成員が大きければ大きいほど政治に大きな影響を与えます。

最も大きい特別利益団体は、「**農協**」（農業協同組合、ＪＡ）です。構成員だけで900万人以上います。900万人が一つになると、これは日本最大の特別利益団体となります。とくに、1票の格差が存在し、都市部では1票が軽く、農村部では1票が重い状態になっていますので、農村部における農協の影響力は多大なものがあります。

人数はそれほど多くはありませんが、**日本経団連**の影響力も大きいです。経団連は要するに大企業の社長さんの集まりです。しばしばマス・メディアを通じて「経団連の会長が政府への提言をまとめました」というニュースが流れますが、あれって、不思議な話です。「経団連という特別利益団体が政府に圧力をかけました」といっているのと同じなのに、何の違和感もないかのように報道しています。

経団連とは対極にある「**連合**」も影響力のある特別利益団体です。正式には「日本労働組合総連合会」で、公称650万人あまりです。早い話、労働組合の寄り合い所帯。ＵＩゼンセン同盟（約100万人）、地域公共連合（約97万人）、自動車総連（約70万人）等の下部労組の集合体ですが、連合の構成労組のほとんどは、現在、民主党支持になっています。

冷戦時代に社会党や民社党をバックアップしていたものが、ポスト冷戦で、民主党に鞍替えしたということです。民主党への批判の一つとして、単に社会党が民主党になったというふうにいう人もいますが、あながち間違った批判ではありません。

創価学会も大きな組織です。公称会員数800万人ですので、大きい団体の一つです。選挙のときは、学会員の多くが公明党に投票しているといわれています。

おおざっぱな数字になりますが、特別利益団体の組織票の威力を説明します。だいたい100万票をかかえる組織は、比例代表制では１人くらいは当選させることが可能です。公称900万人の農協が候補者を組織ぐるみでバックアップすれば、最低８人は当選させることができますし、公称650万人の連合も最低５人くらいは当選させることができるのです。

確かに、特別利益団体のお墨付きを得て当選してきた国会議員（とくに参議院議員）が数十人単位でいますが、この国会議員は、支持母体のために働いています。

「特別利益団体」のまとめ

日本国というマクロの立場から、特別利益団体と国会議員との関係の特徴をまとめてみます。

日本という国家を成り立たせるためには、毎年税金を国民から強制的に集めて、1ヶ所にプールして、そこから必要に応じて配分するシステムが不可欠です。その配分システムは予算という形をとり、各省庁が財務省にお願いして、財務省の主計局というところに予算交渉し、だいたいの大枠を決めています。この政府案がたたき台になって、国会の予算委員会で審議されて、国会で承認されます。両院で通過すれば、4月1日より翌年3月末まで使うことができるようになります。これがお金の流れですね。

予算の他にも、国会議員がいる立法府では、さまざまな法律を作ったりします。たとえば20歳未満の人はお酒を飲んだらいけないとか、赤信号では横断歩道を歩いてはいけないというルールを法律として作ります。右記の予算のように必ずしもお金がからんできませんが、法律という形で、特定の人にメリットやデメリットを与えることができます。

税金の配分と、日本国民の行動を規定する法律…。この2つに対して、私たち有権者はほとんど無知です。日本の総予算がどのくらいで、どこにいくらくらい配分されているのかとか、どんな法律がどんな理由で作られているのか、ほとんど知りません。

私たち有権者はすべからく政治リテラシーが低く、政治の場で何が起こっているのか知りませんので、有権者の無知を埋める形で、予算措置とか立法化をぜひ行って欲しい特別利益団体が、国会議員に働きかけて、法律を作らせたり、予算をたくさんもらったりしようとするのです。

つまり、「?→国会議員→政策・予算」という「?」が、本来なら「有権者」でなければならないのですが、実際には、**特別利益団体が、有権者に代わって影響力を行使して政策・予算を獲得している**ということです。

国会議員も、次の選挙でぜひ勝ちたい。他方、一般の有権者はあてにできない。確実に存在する組織票が欲しいので、組織票を与えてくれたり、政治献金をしてくれたりする人たちのいうことをよく聞く構造になっています。特別利益団体には、組織票もあるし、お金もある。それらを、適宜、法律(政治資金規正法)の範囲内で国会議員に供給するシステムができあがっています。

特別利益団体は、国会議員が最も欲しいものを提供してくれる団体なので、国会議員は最も手厚く対応します。もちろん、一般の有権者以上に、です。国民にはなんとでも説明できます。それこそ適当にいったところで、わかりゃしません。

たとえば、公共事業関係予算を全予算の1％にすべきか2％にすべきかなどの議論は、有権者にはわからないです。難しすぎて。それで建設業界の利益団体の影響を受けて、仮に2％になったとしても、総理大臣が、「景気浮揚策の一環として、公共事業費を増額した」といえば、そんなものなのかと思ってしまうわけです。仮に一時的に「それはおかしい」と世論が盛り上がったとしても、私たち有権者の1票ではどうにもなりませんし、盛り上がった事実さえもすぐに忘れてしまいます。私たちは、今日を生きるのに忙しいですから。残念ながら、それが現実です。

ただ、さらに恐ろしいことには、日本では、特別利益団体と同じくらいに強い影響力をもつ団体が存在しています。そのグループが国会議員を手玉にとっているのです。それが次にお話しする「**官僚組織**」です。

官僚組織

官僚組織とは、行政府の役人です。国家公務員とも中央官僚ともいいます。

現在、**約345万人の公務員**がいます。公務員とは国や地方の公共団体に属している人々をいいますが、地方公務員が280万人、国家公務員が65万人。地方公務員には、都道府県の学校の先生（115万人）や警察・消防職員（40万人）、地方の役所職員（65万人）等がいます。

国家公務員は、特別職（国務大臣、大使、裁判官、自衛官などの30万人）と一般職（35万人）に分かれます。一般職35万人のうち、国有林野を守っている林野関係の職員や学校の用務員等、公権力に関わらない現業国家公務員が5万人いますが、人数が多いのはなんといっても**30万人いる「非現業国家公務員」**（私たちの生活に制約を与える権限を持っている仕事に携わる国家公務員）です。これがいわゆる「中央官僚」です。

① 中央官僚

官僚の行動パターンについて解説します。

官僚は、給与は国民の税金から支払われているので、「国民のために働くのが本来の姿」ですが、実際に働いている人たちも、しょせん人間ですから、この意識は希薄になっています。国会議員が自己利益を追求するために働いていたり、有権者が自己利益を追求していたりするのとまったく同じく、官僚も自己利益を追求しています。

自己利益の追求の先に、国民の利益は直接的にはありません。むしろ自己保身が重要です。クビにならない、より多くの給料をもらう、そのために出世したいのは、民間企業の人間でも、官僚組織で働く人間でも同じです。また、官僚のキャリア組になるためには、国家公務員試験I種という難しい試験を受けて、上位で合格しなければならないため、しばしばエリート意識を丸出しにする人たちにも遭遇します。

この人たちが各省庁において出世してゆくにはどうしたらよいのか？　当然、組織のために働く、自分の所属する省庁の利益を守る、予算を拡大する、権限を拡大する、つまり「**予算は多く、権限も広く、ただし責任は少なく**」といったように、組織の拡大が大きな目的の一つです。

そのために予算の争奪戦を毎年行います。日本の一般会計予算は単年度予算なので、毎年3月までにすべての予算を使いきらなくてはなりません。余らせでもしたら、財務省との折衝で、必ず次年度の予算が減らされてしまいます。だから、ムダと知りつつも、全部使い切ってしまいます。

民間企業と官僚組織を比較してみると、違いがよくわかります。民間企業だったら、自分の会社を大きくしたいと願うのは悪いことではありません。一生懸命働いて、利益をあげて、会社を大きくするのは、ほめられることであっても批判されることではありません。

しかし、官僚組織の場合は、180度違います。一生懸命働いて仕事を作って、予算を増やしたら、国民の貴重な血税を使うことになるので、国民からは歓迎されません。むしろ批判されてしまいます。

つまり、予算が増えることは、所属する省庁と自分の出世のためには良いことなのですが、国民にとっては必ずしも良いことではない。このあたりが、官僚の行動形態の特殊なところです。ただし、私たち国民は、すでに学んだように原則として政策や予算については「無知」なので、多少予算が増えたからといって、わかりません。したがって、知らず知らずのうちに、予算は膨張してゆくという特徴があります。

官僚組織は、成果主義というより減点主義、また年功序列賃金制を採用しているために、高い給料が欲しかったら、ミスを犯すことなく、じっと我慢して、昇進して、何十年も仕事をしてゆくことになります。高い地位につけばつくほど、それなりの報酬と「天下り」先が約束されます。

ただし、出世をするといっても、民間企業のように、大型プロジェクトを成功させて会社に多大な利益をもたらすというような、明確な勝ち負けの基準はありません。前述のように、儲けとか損益とかいった基準がありませんので、出世するためにはむしろ、手柄を立てるよりも失敗をなくす、出る釘は打たれるので、出ないで横並びの位置にいる、ということが重要になります。

それでいながら、自分の所属する省庁の利益のために尽くす。同期には負けない。これが鉄則です。高級ポストは限られていますから、もし負けてしまうと、民間や法人などに「天下る」しかなくなってしまうのです。

いずれにしても、理論的に考えられる「国民のため」という前提が現実の行動とは異なるのと同時に、官僚が国民からの納税によって給与を得ているという感覚が希薄になっているのは、決して驚くべき点ではないようです。

②官僚組織と他のグループとの関係

官僚組織と、既習の特別利益団体、有権者、国会議員の関係を図4-3に表しました。すでに、官僚と有権者及び特別利益団体の関係について述べてきました。

官僚は、もともとは国民の税金で給与が支払われているので、本来なら国民のためという意識を持って仕事をすべきですが、実際には省庁のため、自分の利益のためになってしまいがちであることは述べました。そうであるからこそ、官僚とは「必要悪」としてとらえるべき存在です。なるべく公的機関は小さい方がよい、市場経済メカニズムがはたらく民間に移行できるものは民間へ、が原則で、公務員というのは必要最小限であるべきです。

官僚と特別利益団体との関係は密接です。官僚にとって「**天下り**」先が、省庁の外郭団体の

図4-3　官僚組織と3つのグループとの基本的関係

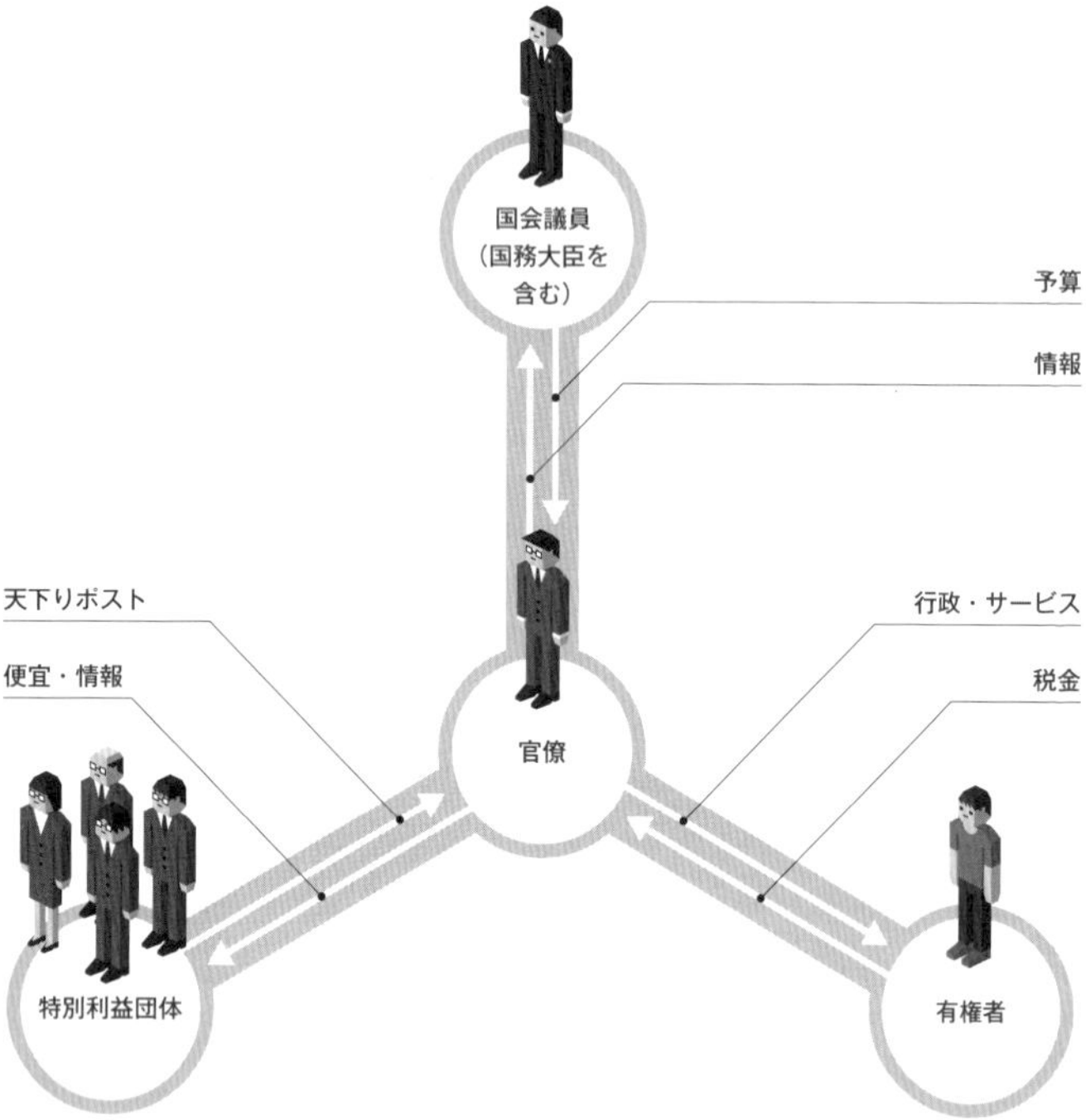

みならず、民間企業（とくに大企業）だったりするものですから、天下りポストの見返りとして、特別の便宜が図られることになります。官僚組織も民間企業もお互いが持ちつ持たれつの状態で、根深い問題が潜んでいます。

マスコミが過去10年以上、天下り撲滅に向けてキャンペーンを行ってきましたし、2009年以降民主党が政権をとってからしばらく天下りを減らそうと努力をした形跡がありましたが、減った兆しはありません。現在でも、数千人規模で天下りが行われています。

③官僚組織と国会議員の特別な関係

官僚組織と国会議員の関係を特筆します。民主主義の根幹に関わる大きな問題があるからです。

官僚（行政府）と国会議員（立法府）の関係は、本来たいへん明確です。官僚は行政府の役人、したがって総理大臣以下の各国務大臣のために働いています。他方、国会議員は、立法府に属して法律を作る人たち、ということになっています。

多くの場合、国会議員のなかから国務大臣が任命されます。官僚は国務大臣に対して情報をすべて提供し、大臣の意思決定を仰ぐというのが基本的な関係です。会社にたとえれば、大臣は会社の社長ですから、社員である官僚は、社長に正しい意思決定をしてもらうためにすべての情報を提供します。当然です。

しかし、これは理想の関係。現実は違います。現実としては、総理大臣はころころ替わってしまう。総理大臣が替われば他の大臣も替わるし、内閣改造が行われればまた替わるので、1年に1回くらいは大臣（社長）が交代してしまうのです。

しかも多くの場合、各省庁の仕事内容をよく知る大臣というのは（族議員を除いて）稀です。ちょっとくらい嘘の報告をしてもわからない。予算申請や報告書のときに、誇張した数字を出してもわからない。自分の省庁に都合の悪い情報は隠してしまいます。

他方、大臣には人事権もありません。大臣として孤立するのは嫌ですし、情報は官僚から受けとるものだけなので信じるしかない。こうして、結局は、**大臣は省庁の操り人形**になってしまうのです。

その他にも、「官僚組織」対「国会議員」の構図で大きな問題が2つあります。日本の民主主義の根幹に関わる由々しき問題です。

(1) 問題その① 官僚が法律を作っている

わが国には、立法府という法律を作る機関があります。衆参合わせて722人がいて、この人たちが法律を作る人として、国民に雇われているのですが、実際には国会議員はあまり法律を作っていません。それでは、誰がわが国の法律を作っているのか？

図4-4をご覧下さい。２００３年から２０１１年までの議員立法の数と割合です。議員立法の比率は、議員立法÷(閣法＋衆法＋参法)で算出していますが、２００３年の11・4％から徐々に上昇しつつあります。とくに民主党の政権以降の２００９年以降では、24・０％30・6％、24・61％と上がってはいます。ただし、やはり圧倒的に少数であることは変わりません。

省庁の役人が国会議員になりかわって、法案を作成し、国会を通過すれば実行しているのです。これが現在の日本の法律作りの現状です。毎年100くらいの法律が官僚によって作られているのです。そんななかで、官僚が自分たちの手足を縛り、不利益になるような法律を作ると思いますか？　ありえません。したがって、**官僚による官僚のための法律**となる、これが実情です。

なお、**国会議員には公設秘書が3人しかいない**ので、現実的に法律を作るのは困難です。たとえば、米国では上下院の予算によって秘書の人数は異なりますが、下院では1人の議員につき平均で17人、上院ではなんと平均44人の秘書がいます。ですから、法案を作ることは比較的容易なのです。本来の立法と行政を目指すならば、日本の国会議員にもっとパワーを与え

図4-4　最近5年の成立法律に対する議員立法の数と割合

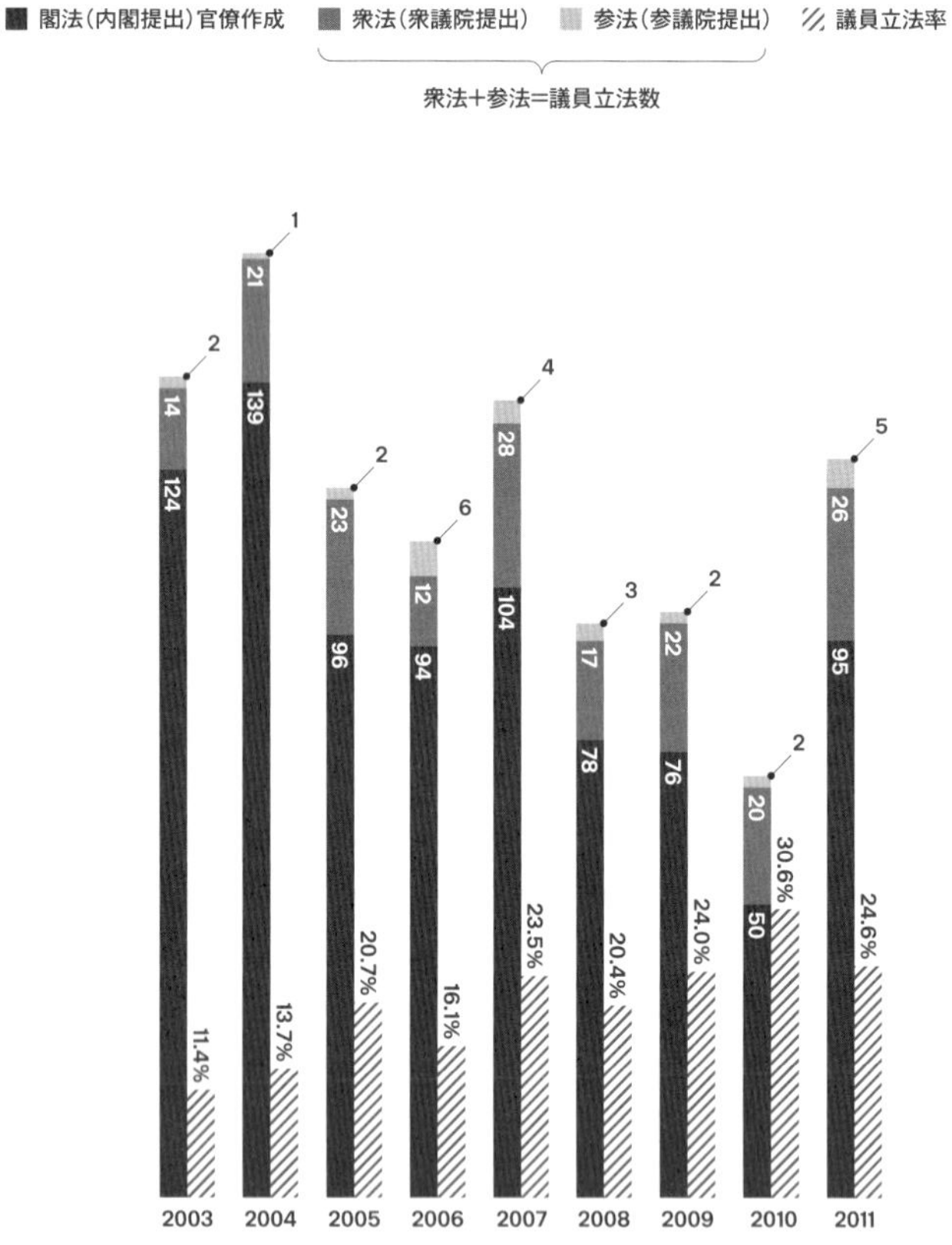

るべきでしょう。

(2) 問題その② 「過去官僚」の弊害

国会議員722人のうち、官僚のバックグラウンドを持つ議員が100人前後います。自民党にも民主党にもたくさんいます。そのなかには、有権者のためというより官僚組織のために働いている国会議員もいます。

もちろん日本の政治を憂えて官僚を辞めて議員になった方もおられるのですが、その反対に、省庁や特別利益団体のバックアップを受けて議員になった人もいます。後者は一種の族議員です。

出身省庁としては、財務省だけでも15人以上いますし、二桁を出しているのは、財務省の他に、農水省、経産省、国交省があり、利権のからむ省庁の出身者は、予算編成の段階から省庁や特別利益団体のために利益誘導を行っています。

元官僚が立法府で国会議員になり、行政府の官僚をバックアップしている。このような元官僚を「**過去官僚**」と呼んでいます。行政府のみならず、立法府のなかに省庁のために働く議員がいるのは、民主主義の原則からしておかしい。しかし、一応、選挙という国民の審判を受けて当選しているので、結局は有権者が悪いという話になるのですが。

官僚⇕特別利益団体 「天下りシステム」

省庁と、監督される立場にある業界との癒着を**天下りシステム**といいます。省庁はさまざまな形で業界に対して指導や意見をいうことが可能ですし、ある特定の企業をいじめることも可能です。企業としてもいじめられたらかなわない。触らぬ神に祟りなしですから、省庁から「人質」を取って優遇してもらうわけです。

もっとわかりやすいたとえ話をしましょう。繁華街で商売をするには、しばしばヤクザが「守代」と称して、プラントとかおしぼりを高額で買わせます。お店のほうはヤクザが怖いし、お店にその筋の人が来るのは困るし、さらにお店で酔っ払いが暴れるなど、何か問題が生じたときには迅速な助けが欲しかったりします。

役人の天下りとは、ヤクザの「守代」によく似ています。企業を守ってやるから、その代わり高い給料で雇え、車も用意しろ、というわけです。お店のオーナー（企業の社長）も断るとあとで何をされるかわからないから、天下りを許す、ことになります。

たとえば、60歳くらいで役所を辞めて、そのあと関係する特殊法人や民間企業に天下ることができます。すでに特権階級意識を持っているので、高給プラス車の出迎えを要求します。天下り、とくにいくつもの天下りを繰り返す「**渡り行為**」によって6年間で3億円も稼ぐつわものがいたことは、マスコミで話題になりました。

天下り先としては、法人関係だけでも、特殊法人、認可法人、独立行政法人、地方独立行政法人、公団、公庫、公社、公共組合、営造物法人、公益法人、社会福祉法人等あります。これらの法人に使っているお金は毎年十数兆円ともいわれています。許認可などで中央官庁との結びつきが強いために厚遇されるし、仕事も激職ではないので、天下り先としては最高です。

２００７年の数字（産経新聞）ですが、１年間で天下りを確認できた１１０９人のうち、独立行政法人、公益法人（財団、社団）、特殊法人、認可法人に再就職したのは523人。退職した役人のうち、40％がこれらに天下りました。財団法人には283人、社団法人には161人、株式会社などの営利法人には151人が再就職しています。

天下りは禁止にすべきです。このような結論になることは当然です。しかし、具体的に実行に移せるかどうかになると、さまざまな問題と絡み合ってきますので解決が難しくなるようです。

たとえば、官僚のポストが限られているという問題があります。上に行けば行くほど、ポストが少なくなるようにできているのです。省庁によって多少異なりますが、10年くらい勤めるまではポジションはあるものの、その後はピラミッド型になっていて、最後の事務次官のポストは一つになるように、だんだんと少なくなっていきます。つまり全員が官僚組織に生き残ることができるようなシステムにはなっていないので、同期に入省した人たちは遅かれ早かれ退職せざるを得ないのです。途中退職させないと、その分だけ人件費が増えることになります。人件費が増えると予算も増えるということになり、この問題の改革もセットで行わないと、天下りの禁止だけでは不十分であるといえます。

まとめ

第4章 特別利益団体と官僚の役割

1
国会議員に対して、一般有権者以上に影響を与えている政治アクターは、「特別利益団体」と「官僚組織」である。

2
特別利益団体のパワーの源泉は組織票と政治献金である。

3
巨大な特別利益団体は、国会議員を多数当選させる能力があり、出身団体のために働いている議員も多い。

4
官僚組織のパワーの源泉は国会議員を上回る専門知識である。

5

国会議員には秘書が3人しかあてがわれていないので、法律を作る能力がなく、立法府で作られる法律の過半数は官僚が作成している。

6

行政府出身の過去官僚のなかには、出身官庁のために働いている国会議員もいる。

7

特別利益団体と官僚組織の関係は密接であり、天下りポストと政策を交換することで成り立っている。

第1部
まとめ

日本政治の仕組みと選挙

4つの政治アクター

第1章から第4章までで、すべての政治アクターが出そろいましたので、第1部をまとめてみます。

政治の場で登場する政治アクターは主に4つで、有権者、政治家（国会議員）、特別利益団体、及び官僚組織です。この4つのグループはお互いにギブアンドテイクをしていると考えられますが、基本構造を図4-5に示しました。

図4-5を参考にしつつ、大ざっぱに日本の政治構造をまとめることができます。

若い世代の有権者は、選挙においては棄権する人たちが過半数、さらに政治リテラシーは40代、50代の世代に比べて低いのは事実です。

選出された国会議員は、本来なら日本国のために働くはずですが、実際には選挙区において自分を支持してくれる人たちのために働く傾向があります。最も投票率が高いのは60歳前後の世代ですので、その人たちに向けた政策を実行にうつそうとします。若い世代の人たちは選挙に際しては投票してくれないので、意見をくみ上げる必要性も感じませんし、政治的な関心も低いので政策的になおざりになってもわかりはしません。

選挙に勝つことが最大の関心事である

図4-5　4つの政治アクターの関係

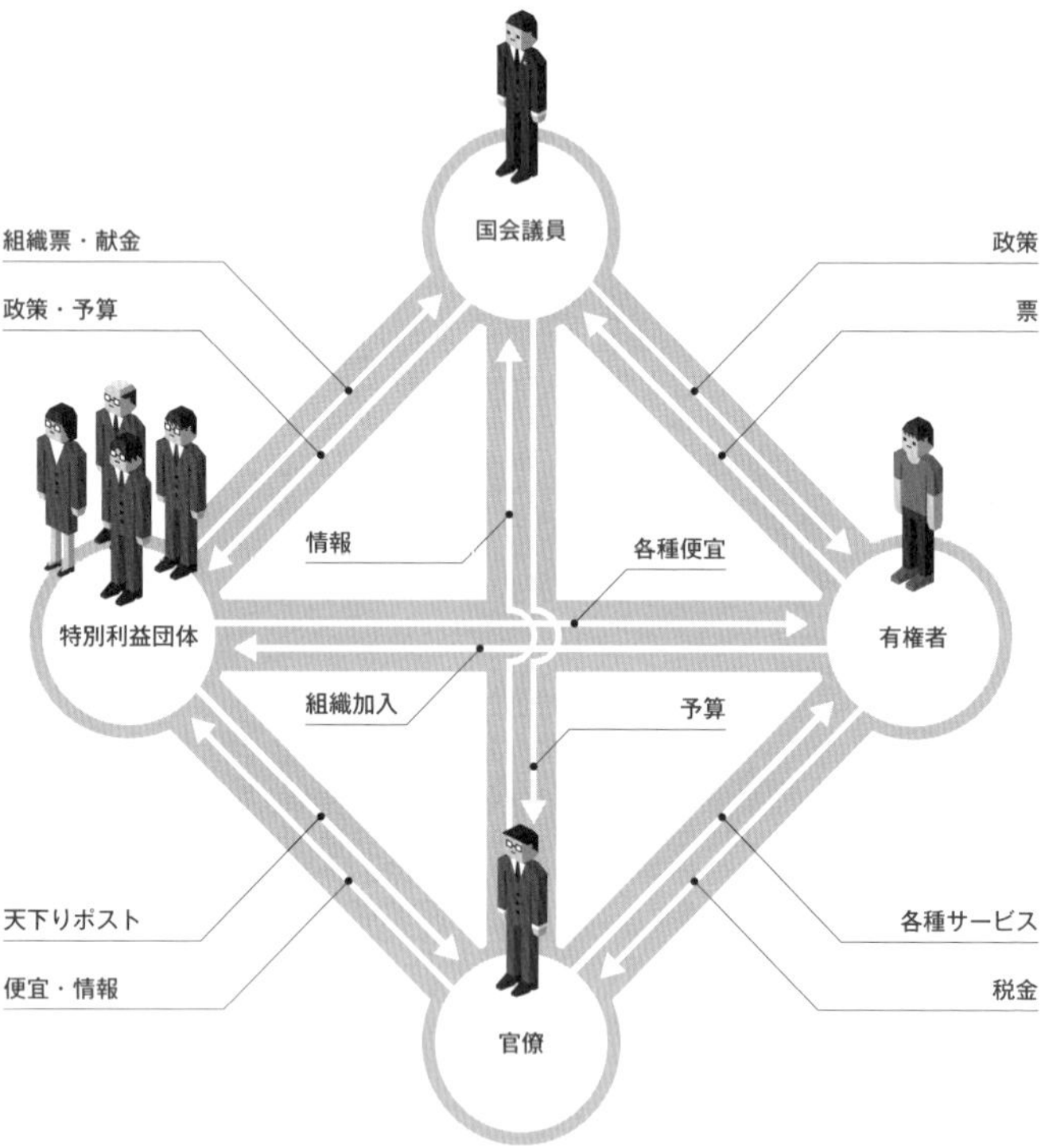

国会議員にとっては、選挙のたびにまとまった「組織票」を提供してくれ、多額の政治献金をしてくれる「特別利益団体」に対しては、票とお金の見返りとして、手厚く保護する政策を打ち出します。わが国には大小合わせると10万程度の特別利益団体が存在していますが、そのなかでも最も影響力があるのが、農協、連合、創価学会、日本医師会、郵政政策研究会、日本経団連などといった団体です。これらの特別利益団体は、すべての政治案件に対して影響力を持つのではなく、個別の政策に対して、直接的影響が出るような予算や法律に対して、団体の利益が侵されないように、できれば増大するように、政治家に働きかけて実現してゆこうとします。ですから、政策ごとに登場する特別利益団体は異なります。

また、図4-5の官僚組織の国会議員への影響力は強大です。国会議員には公設秘書はたったの3人しかあてがわれていないので、立法府に属しながらも、実際には法律を作っていません。議員+3人=4人でわが国の法律を作るなどとはそもそも無理なシステムになっています。わが国の場合、伝統的に霞ヶ関の中央官僚が、国会議員に代わって法律を立案してきました。両院を通過した法律の少なくとも約75%は官僚が作成した法律です。

官僚は行政府に属し、日本国民の税金によって給料をもらっているので国のために働いているはずですが、実際には、自分たちが所属する省庁のために働いています。また、立法府の国会議員の仕事を肩代わりして法律も作成しているのですが、そのような状況では自分たちの利権が侵される法案を作るはずもなく、通常は自分たちの省益がなるべく大きくなるような法律を作ろうとします。

さらに、立法府においては、「過去官僚」という自分が以前に所属していた省庁のために働く一種の族議員もたくさん選出されているので、行政府、立法府の両方から省庁の権益を増大してゆきます。このようにして官僚による官僚のための官僚支配国家が誕生したわけです。

このように、手堅い組織票と多額の政治献金を与えてくれる特別利益団体、法律の立案や予算編成などに関わる中央官僚と、法案を通過させる権限のある国会議員は、あたかも「**鉄のトライアングル**」を形成しているかのようにがっちりとした協力関係を作っています。本来ならば、有権者が最大の権力を持つ政治アクターであるはずですが、戦後のわが国の政治では、国会議員、特別利益団体、官僚組織の三者がお互いを補完しつつ、予算や法律を通じて利益を分け合うシステムを作りあげてきたのです。

日本の政治の姿、見えてきましたでしょうか?

第2部　日本がかかえる諸問題

第5章

日本が直面するさまざまな問題

日本の政治問題

第2部では、日本が直面するさまざまな問題を知っていただきます。読者のみなさんが、投票に参加して、日本国のために、最良の候補者を選んでもらうための一助になればと願って第2部を解説します。

まずは表5-1でかかげた、わが国が直面する問題のリストをみて下さい。政治、経済、社会、外交と4つに分類して、さらに細かく問題を仕分けしてありますが、これらはすべて政治が取り組まなければならないものです。

私たち有権者は、テレビや新聞やインターネットを通じて、これらのうちで大きくなった問題だけを知ることになります。今日は外交問題、明日は予算編成といったように…。

表5-1 日本が直面する問題

分野	項目	内容
政治	立法府	通常予算、補正予算、「ねじれ」国会、維新の会、連立与党の不協和、ころころ変わる総理大臣、総理大臣の資質、国務大臣の資質、靖国神社参拝、政治献金問題など。
	行政府	官僚の天下り、官僚の腐敗、国務大臣の権限、など。
	司法・憲法	裁判員制度の的確な運用、裁判官の資質、憲法改正(とくに第9条)の是非など。
	地方分権	中央省庁の地方分権・財源移譲への抵抗、地方交付税交付金問題など。
	財政赤字	消費税率の引き上げ。巨額財政赤字など。
経済	経済	金融危機、リーマンショック以降の世界的な金融危機への対応、株価の乱高下、失業率の上昇、デフレ・スパイラル、就職氷河期、震災復興、など。
	景気対策	景気後退を受けての景気刺激策、バラマキへの賛否など。
	雇用	非正規社員の増加・解雇、ニート、フリーター、ワーキングプア、ホームレスの増加など。
社会	医療	医師不足、救急医療体制、医療制度、薬害、医療ミスなど。
	治安	ふりこめ詐欺の増加、ネット犯罪、自殺の増加、銃規制、警察官の資質、麻薬問題など。
	食料	食料自給率、輸入食料問題、放射能汚染、食品の安全性、など。
	社会福祉	高齢化社会への対応、介護問題、年金問題など。
	少子化	出生率の低下、保育施設の拡充などの問題。
	教育	義務教育の内容、教師の質、いじめ、ひきこもり、大学教育、などの問題。
	エネルギー	脱原発、原油価格の高騰、化石燃料依存、クリーンエネルギー開発、OPECへの依存率、など。
	自然環境	環境汚染、二酸化炭素の排出量の削減、京都議定書への対応、ゴミ処理、海洋資源の減少、生物多様性の喪失、など。
外交	防衛・外交	日米安保条約の再検討、おもいやり予算、米兵の犯罪、普天間基地を含む米軍基地問題、エシュロン、自衛隊の海外派遣、シビリアン・コントロール、核拡散、反テロ、わが国固有の領土問題(竹島、北方領土など)。
	国際経済	TPP、APEC、二国間自由貿易、対中貿易、対ASEAN貿易など。
	対北朝鮮	拉致問題、核兵器、麻薬の密売、偽札、密輸、送金問題など。
	対国連	安保理常任理事国入り問題、敵国条項の廃止、PKOへの参加など。

民主主義は、本来の形としては、有権者に、表5-1の政治・経済・社会・外交の出来事についてすべて精通することを求めています。一人一人の有権者が政治リテラシーを上げて、意見を持ち、その意見が政治に反映される、そんな形が民主主義の理想です。

しかし、それは不可能です。日本が直面する問題は多岐にわたり複雑で、一つの問題に精通することさえ難しいです。

それでは、国会議員はどうでしょうか？ 国会議員は政治の専門家なわけですから、理想としてはすべての案件について精通していることが必要です。しかし、これもほぼ不可能です。すでに学んだように、国会議員の目的は、選挙で当選することです。理想は「日本のために」働くべきですが、実際には、「選挙区において自分に投票してくれる有権者のために」働かざるを得ません。すべての案件に精通したからといって、当選する確率が上がるわけではありませんし、そんな勉強をしている暇があったら、選挙区に戻って街頭演説をした方が当選する可能性が高まります。

というわけで、国会議員は、自分の選挙区で自分に投票してくれる有権者が関心を持っている政策について精通しようとします。たとえば、農村部出身の議員は農業問題やＴＰＰ問題に精通していますが、防衛問題や教育問題について無関心です。都市部出身の議員は農業問題に精通するくらいだったら、食の安全性とか教育問題の専門家になった方が得策です。

ただし、都市部だろうが農村部だろうが、すべての国会議員が共通して持っている問題意識は、経済問題及び予算配分です。この2つは、全国すべての有権者にとって非常に重要度が高いものなので、都市部選出だろうと農村部選出だろうとすべての議員が関心を持っています。

他方、ほとんどすべての議員に共通して不足している問題意識は、外交・防衛分野の知識です。[1]日本は島国であり、国民は対外問題について疎いものですから、忙しい議員としては外交・防衛に精通している時間があったら国内問題に精通しようとするものです。ですからよほどの変わり種の議員や有権者でない限り、この分野の問題は国民の目にはとまらないものです。

1　自民党議員間の外交スタンスの違いは顕在化しないが、民主党の場合は顕著である。また、民主党議員はさまざまな政党からの寄り合い所帯であることから、イデオロギーの違いが発現しやすい外交問題に関して、曖昧で当たり障りないように対処してきた経緯があり、そのために、普天間基地問題等の対米国外交で明らかなように、外交下手である感は否めない。

行政府の組織図

どんなに国会議員が一つの政策に精通していたとしても、限度があります。国会議員は衆議院と参議院を合わせても722人しかいません。722人の力などたかがしれています。

他方、行政府の中央官庁は12省庁あって、全体で「非現業国家公務員」として約30万人が働いていますので、力関係でいったら、断然、行政府の中央官僚の方が知識は豊富ですし、パワーも持っていることは、第4章で述べた通りです。

図5-1は行政府の組織図です。12省庁には得意とする専門分野があります。予算編成なら財務省、雇用問題なら厚生労働省や経済産業省といったように、問題の性質に応じて監督官庁が対応します。もちろん、特別利益団体も重大な影響を与える案件に関しては、天下りの元官僚や国会議員を通じて口をはさもうとします。

一つの例をあげます。

食べ物のなかに「コンニャク」がありますが、その原料となるのはコンニャクイモです。国内の生産は群馬県が断トツに多くて、全生産額の9割程度を生産しています。世界的な生産国は中国などの東アジア諸国で、安価なコンニャクイモが日本に入ってくると生産業者が打撃を受けるという理由から関税を課しています。その比率は年によって変わるものの最低で

図５-１　行政府の組織図

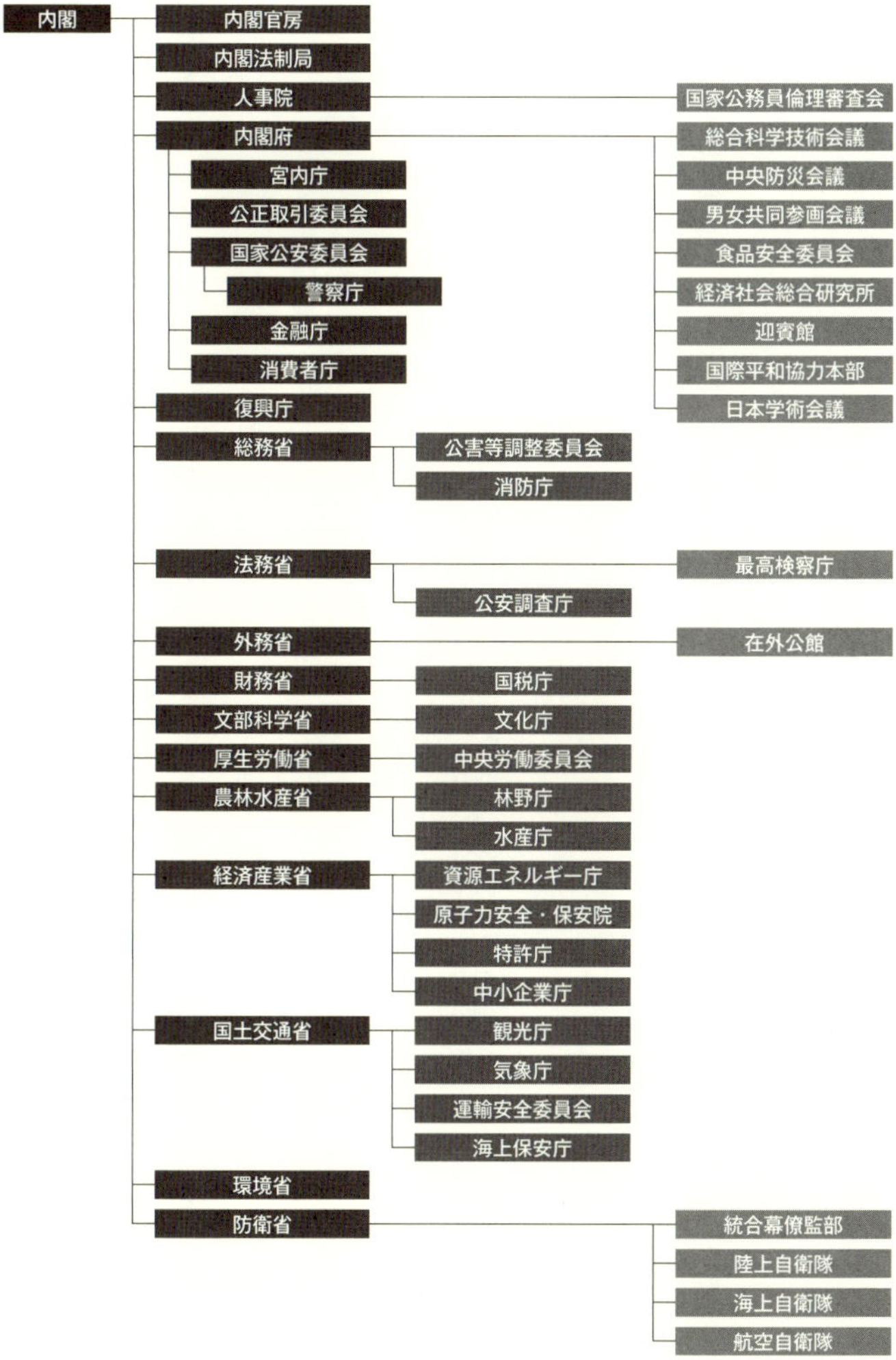
内閣
内閣官房
内閣法制局
人事院
国家公務員倫理審査会
内閣府
総合科学技術会議
宮内庁
中央防災会議
公正取引委員会
男女共同参画会議
国家公安委員会
食品安全委員会
警察庁
経済社会総合研究所
金融庁
迎賓館
消費者庁
国際平和協力本部
復興庁
日本学術会議
総務省
公害等調整委員会
消防庁
法務省
最高検察庁
公安調査庁
外務省
在外公館
財務省
国税庁
文部科学省
文化庁
厚生労働省
中央労働委員会
農林水産省
林野庁
水産庁
経済産業省
資源エネルギー庁
原子力安全・保安院
特許庁
中小企業庁
国土交通省
観光庁
気象庁
運輸安全委員会
海上保安庁
環境省
防衛省
統合幕僚監部
陸上自衛隊
海上自衛隊
航空自衛隊

も300％以上です。

自民党のなかには「こんにゃく対策議員懇談会」というものまであり、とくに群馬県は大物政治家の輩出が多いこともあって、生産農家に対して手厚い保護をしています。このような関税の意思決定のなかには、特別利益団体としての農協があり、組織票を提供する相手として国会議員がいて、行政府には農水省があり、この3者が高い関税で国内生産者を保護するという図式ができあがっていますが、この密接な三者関係については第1部で詳しく述べた通りです。

このように、すべての政策には利益・不利益を享受する者が存在しており、誰がどの程度、利益を得る、不利益を被るかの力関係によって、具体的な政策が決定されてゆくのです。

第2部の構成

このような政策はたくさんありますが、日本人として是非知っておきたい重大な問題があります。とくに、必ずしも政治が上手に対応できていない国の根幹に関わる大問題として、5つの案件を取り上げます。

5つの大問題とは

(1) 財政赤字問題
(2) エネルギー問題
(3) 食料問題
(4) 少子高齢化問題
(5) 経済問題

です。第2部では、各々の問題を章に分けて詳述してゆきます。

第6章 財政赤字問題

第2部で取り上げる問題は5つあることは述べましたが、そのなかでも最も重要なものは、なんといっても、財政赤字問題です。この問題は諸悪の根源であり、解決が可能でありながら、解決しようとしない問題だから始末が悪いです。

問題が深刻であると知っている人たち（政治家、マスコミ）は、なんとか解決しなくちゃならないとは思っている、しかし非常に大きな痛みが伴うものだから、見て見ぬふりをする…。他方、被害が最も大きい人たち（若者）はいかに深刻な事態であるのか気づいていないので、見て見ぬふりでも問題がないかのようにみえる…、というのがこの財政赤字問題です。

財政赤字問題とは借金（ローン）のこと。私たちも家を買ったりするときに銀行などから借金（ローン）をすることがありますが、お金を借りるときは審査が厳しいです。銀行も貸したお金は返済してもらわなければならないので、銀行員は借主の仕事や財産などを徹底的にチェックし、返済計画を作ります。家やマンションを購入するようなときは、頭金は借主が自分で出して、残りをローンという形で借りて、毎月返済してゆきます。

ここまでは常識といいますか、借りたら返済するのが当たり前ですから、大変わかりやすい構図です。

ところが、国と地方の借金問題となると、とたんにわかりづらくなります。理由は2つあります。

一つは私たち一人一人が借金しているのに、直接的に借金しているわけではないので、借金している意識が希薄であること。大問題なのに、自分には全然関係ない、あたかも問題が存在していないかのような錯覚さえしているものです。読者のみなさんは一人頭、1000万円の借金をしているのだと私が声高にいっても信じないのではないでしょうか。実際、日本人はすでに最低1000万円の借金を背負っているのです。でも誰かが借金の取り立てに来ているわけでもないので、借金は存在していないかのようです。

2つめは、「借りたものは返す」というのが当然でありながら、借金の返済については、政治家、メディアを含む大多数の人々が口を閉ざしている点です。なぜ、大多数の人々は無言なのでしょうか？

答えは、借金の返済には痛みが伴うものだからです。返済をするということは、当然、私たちの家計から少しずつですが返済しなければならないということです。詰まるところ、「消費税増税」ということになります。消費税を導入すると、有権者の大多数が反対します、消費税増税を支持した政党の支持率が低下します、落選したくない国会議員は消費税に反対します…。というわけで、この問題はずっと先送りされてきました。

その結果、図6-1にある通り、現在では、世界でダントツの借金大国になってしまいました。どれほどひどい状況なのか、財政赤字で最も被害を受けるのは誰なのか（先ほど申し上げたように若者です）、について解説してゆきますが、図6-1だけでもその一端を知ることができます。わが国の**借金はGDP比で200%を超えています**。GDP200%ということは、全国民が2年間、飲まず食わずで働いてやっと返済できるお金ということです。借金額は右肩上がり、止まることを知りません。消費税が2014年に8%、2015年から10%に上がる予定ですが、この図からわかる通り、焼け石に水です。

このままでは国の財政が破たんすることは自明です、それもそう遠くないうちに。問題は、破綻するかしないかではありません、現在ではIfではなく、Whenの問題、いつ破綻するのかという時期の問題となっているのです。

図6-1 政府債務残高の推移の国際比較

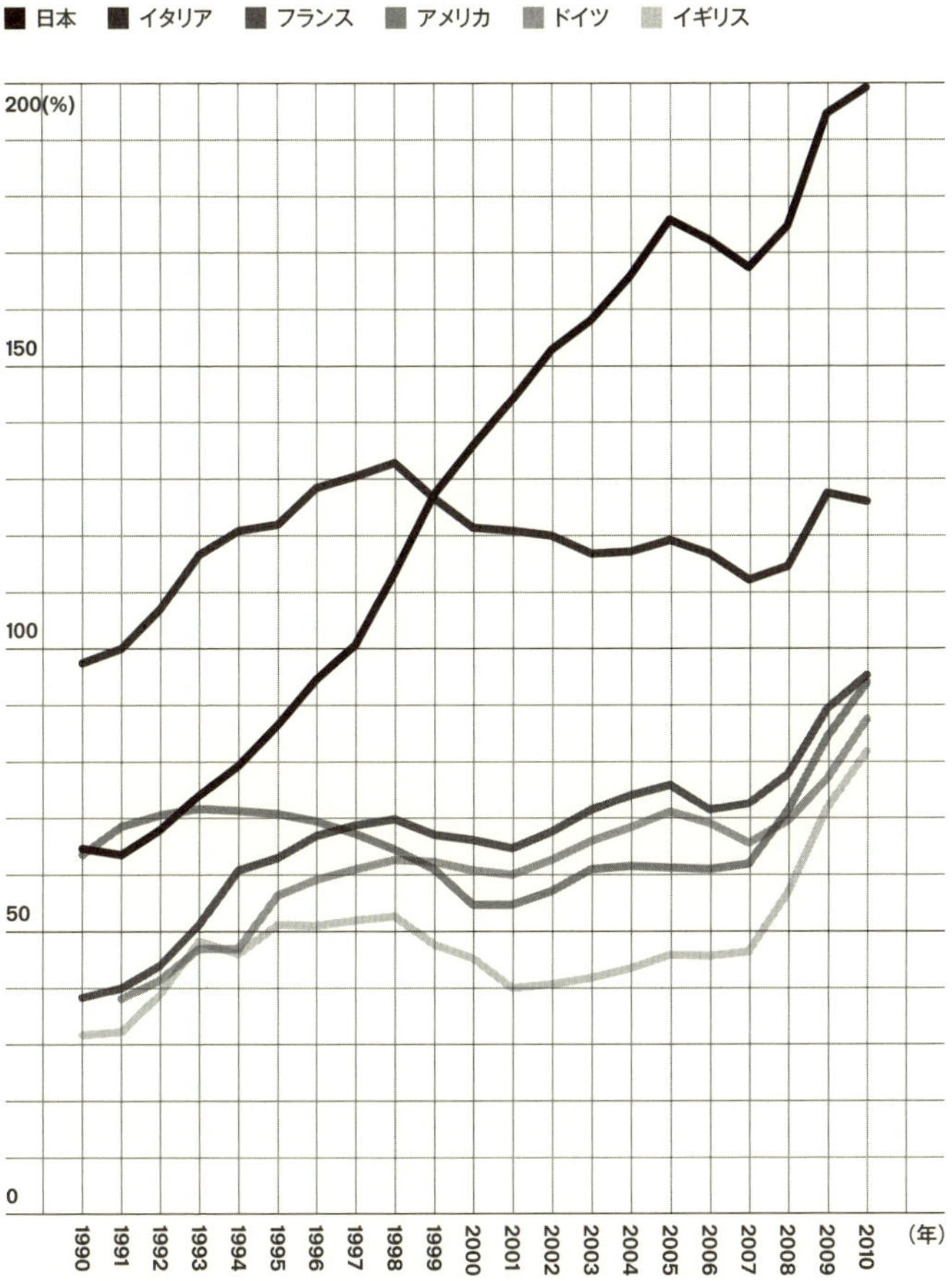

※General government gross financial liabilities（対 GDP 比）
地方政府分を含むが中央政府との重複分は除外。
資料：Economic Outlook No 89 – June 2011（2011.10.17 OECD. Stat による）
出典：OECD "Economic Outlook 89"（2011 年 6 月）

財政赤字の状況

国と地方をあわせた借金の総額は、2012年の時点で1000兆円あまりです。1000兆円といっても理解できないでしょうが、1000000000000000円です。ゼロが15個。気の遠くなる数字です。1965年から徐々に借金を重ねて、積もり積もってこの数字になってしまいました。

有権者1人に換算すると、一人頭1000万円の借金になります。借りたものである以上、いずれ返さなくてはなりません。でも返す目途がたっていません。さらに残念なことに、借金はさらに増え続けています。

借金が返せないために、さらに借金をして自転車操業をしているのが日本の国家予算です。

誰が借金したかって？ 私たちです。もちろん政治家と財務省がやったのですが。誰が借金を返さなくてはならないかって？ 私たちと次世代の人たちです。とくに若い世代の方々は大きい借金を返さなくてはならない。財政赤字＝将来世代（みなさん）の負担というふうに考えることができますので、この本の読者にとって切実な問題と思って下さい。

なぜか？

借金をするために発行する**国債**には、短期国債（1年以内）や中期国債（2～4年）もありますが、多くが10年ものや60年ものの長期国債です。現在では一般予算や補正予算を組むと、赤字国債が発行されます。償還年数を60年とすると、60年のうち60分の1ずつ返済してゆかなくてはなりません。

たとえば、15兆円の補正予算を組んだとします。するとその年に15兆円を使うわけですが、60年間で15兆円＋利息を返さなくてはならないわけです。でも、この60年間に亡くなる人もいる。その人たちは15兆円の利益だけ享受して、支払うべきお金はそれほど払わなくてよいということになります。亡くなった方に借金を返してくれとはいえませんから。

でも、みなさんのような若い世代や、これから生まれてくる人たちは、使ってしまった15兆円＋利息を払うということになります。問題なのは、20歳以下の人たちです。投票する権利もなく、借金だけは背負わされるという人たちです。

おそらく自分たちだけでは返すことができないでしょうから、借金を返すためにまた借金して（国債を発行して）、返すのを先延ばしにすることになるでしょう。

その場合は、現在の赤ちゃんや、さらにはまだ生まれていない人たちも返済してゆかなければなりません。秋田大学の島澤諭氏らの計算では、２００６年以降に生まれてくる子どもたちが、いつ生まれたかにかかわらずすべて同じ額を負担すると仮定した場合、驚くなかれ、

負担額は一人頭1億円あまりと算出されているのです。しかも、**現在世代と将来世代の受益格差は、最大で1億3000万円**にのぼるといわれています。

しかし、ご存知の通り、日本人は急激に減少していて、30年後は1億1500万人程度になりますので、借金の金額が同じとすると、1人あたりの負担額はますます増えます。そして、この借金地獄、返し終わるまでずっと続きます。

借金の返済

借金を返すためには、最終的にどこからか、お金をひねり出さなくてはなりません。そこで増税ということになります。

私たち有権者は、予算の無駄を省けと思いますが、省いたところで大した額にはなりません。落ち着く先は、毎年膨らんでゆく社会保障費の削減と消費税増税ということになるのです。

本来ならば、社会保障費を削減したいところですが、何しろお年寄りに激的にダメージを与えるものですし、すでに第3章で学んだ通り、お年寄りの有権者数は非常に多いので、社会保障費を削ることを前面に出して、政治家が選挙に勝てるとも思えません。というわけで、政治家としては、より一般的に理解が得やすい消費税増税の方が良い、という結論になるのです。

しかし、いったん上がった消費税は下がることはないし、先ほどのように亡くなった方に借金を返せともいえないので、これからの若い世代の人たちがより多く負担してゆくことになります。

ですから、「**財政出動**」とか「**補正予算**」とか「**赤字国債**」とかいう言葉を聞いたら、本来なら、若い世代のみなさんは「止めてくれ!」と叫んでしかるべきだと思うのですが、そんな声は一度も聞いたことがありません。政治に関心がないということは罪であるとさえ思えます。

話を財政赤字に戻します。

国債発行は小渕恵三内閣以降、急激に増加しています。財政赤字は、借金の返済という重荷ばかりでなく、他にも、国債の信認の低下、将来不安からの消費の減少、金利上昇による投資の抑制といった悪いことにも連鎖してゆきます。とくに、以下に述べるように、政策に使える予算の減少というものが、最も大きなダメージです。

一般会計予算の歳出

わが国の予算がどのように使われているのかをみてみると、借金苦の実態がよくわかります。毎年、予算案が通常国会において審議されています。通常は3月末くらいに国会を通過して、4月から使えるようになります。単年度予算という仕組みで、4月1日から1年間で予算が使われるという原則になっています。

たとえば、図6-2にあるように、2012年度の一般会計予算(当初予算)の歳出総額は約90兆円でした。この90兆円は、社会保障関係費等の一般歳出、地方交付税交付金、及び国債費の3種類に分かれています。

「**一般歳出**」とは、社会保障(26兆円)、教育・科学関係(5兆円)、公共事業(5兆円)、防衛費(5兆円)等に分かれていて、実際に国によって使われて国民に便宜が図られる出費です。形式的にこのような項目に仕訳されていますが、実際には各省庁の予算の分捕り合戦の結果の配分になっているわけで、だいたいが過去の経緯からこんな数字に落ち着いているという感じです。あとは、そのときどきの政治経済状況と政権与党の意向によってメリハリをつけて予算配分されています。

「**地方交付税交付金**」というのは、国がいったん税金を徴収して、そのあと地方に配分する

図6-2 2012年度一般会計（歳出）

税金です。地方分権に関する議論の中心的な問題点となっているもので、国側としては、地方によって財源の確保にばらつきがあることから、いったん国が税金を徴収して、各都道府県に適切に配分するという大義名分があります。他方、地方からすれば、国の関与は官僚の利権を増長させているだけにすぎない、税金は直接自分たちが集めて自由に使いたい、ということになります。

当然のように、地方の言い分の方が正しいです。そもそも、この世の中に「適切に配分」なんていうのは存在しませんし、「適切」の定義が人やグループによって異なるわけですから、そのあいまいさが、官僚がお金を差配できる権力の源泉になっています。

3つめが、この章のテーマである「**国債費**」です。借金を返済している額を示しているのですが、全予算の4分の1にあたります。こうやって積もり積もった借金が国と地方を合わせて1000兆円あまり。世界ダントツの1位ということです。

一般会計予算の歳入

以上がお金の使い道の話でした。お金の入りについて言及しておかなければなりません。国としての収入ですね。お金を使うためにはお金を稼がなくてはならないのは常識なのですが、図6-3をみておわかりの通り、残念ながら、税収が少なくて歳出をまかなえません。租税(所得税、法人税、消費税等)及び印紙収入、その他の収入全部を合わせても46兆円あまりにしかならないのです。歳出が90兆円でしたので、44兆円足りません。

どうするかといえば、借金をするわけです。その額、44兆円です。高齢者が数十万人という単位で増えていっていますので、今後は借金額がさらに膨らんでゆきます。

当然、収入である税金を増やさなければならないわけです。所得税を増やせば労働意欲が減退し、法人税を増やせば企業が日本から逃げていきます。落ち着く先は消費税ということ

図6-3　2012年度一般会計（歳入）

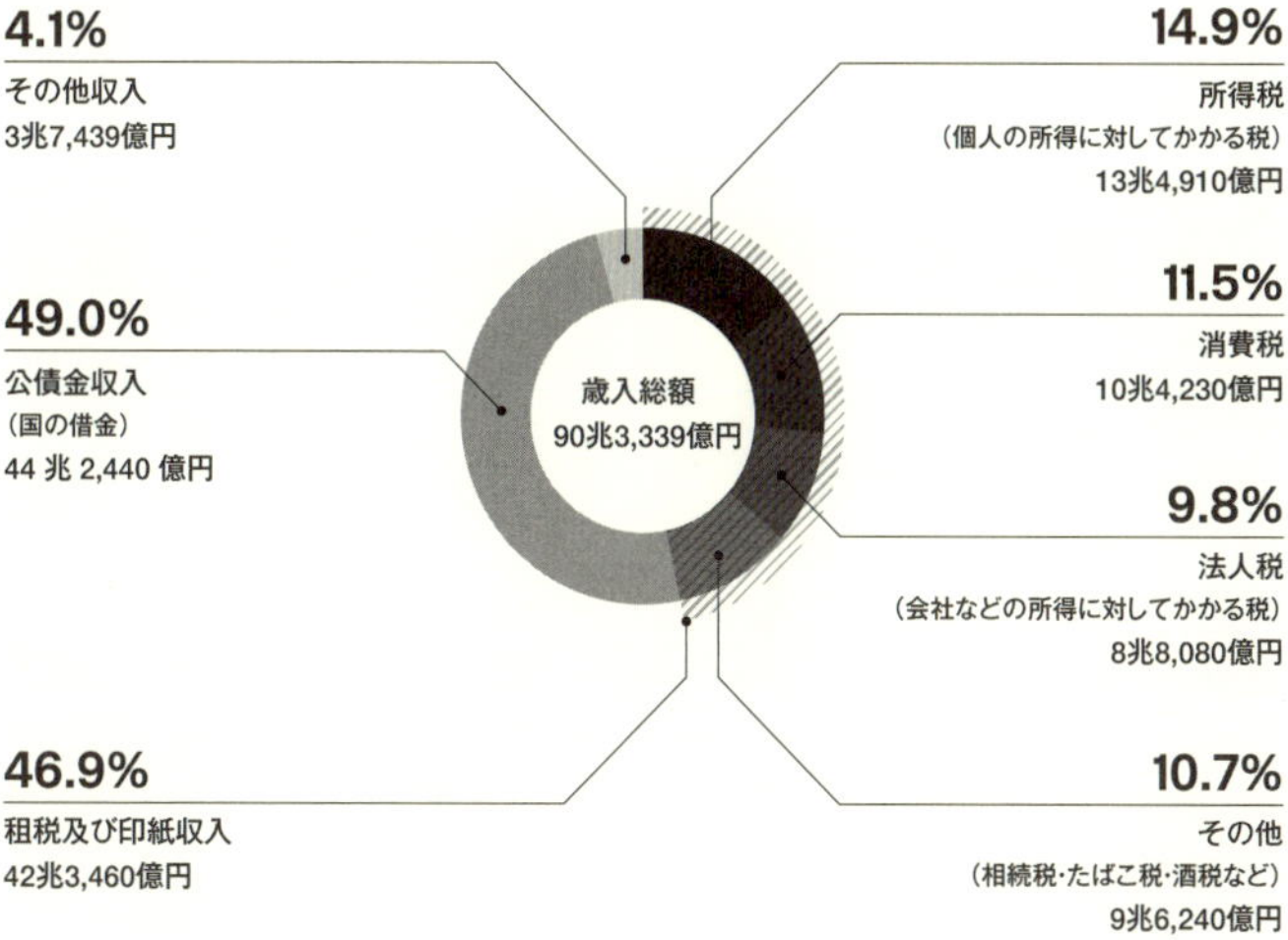

になります。

消費税を1％上げれば、2.5兆円の税収は見込めます。44兆円の借金ですから、本来ならば、44÷2.5＝17・6となるので、だいだい18％くらい消費税を上げる必要があるのです。2014年に8％、2015年には10％に消費税率が上がることになりそうですが、消費税が10％に引き上がったところで、焼石に水、日本という国はそこまで追い込まれているのです。

何をすべきか？

何をすべきか？　は自明です。もうこれ以上、どんなことがあっても借金はしない。その上で借金を返してゆく。しかし、この一見、至極正論と思える提案も解決策の議論の段階で途端にトーンダウンします。

政府もマスコミの論調も、借金やむなしです。借金しないといったら、失業者は失業したまで良いのか、年金を減らして良いのかという批判を受けてしまいますから、借金はいけないとは報道しづらいという背景がありますし、国会議員としては票が欲しいために沈黙します。とくに、不人気な政府では次回の選挙で大敗してしまいますので、負けを最小限に食い止めるためにも、借金をしてでも予算をテコに支持率増加を図りたいと思うのかもしれません。

また、毎年多額の政治献金をしている大企業といった特別利益団体も、景気がよくないときにこそ財政出動をして欲しいと思いますから、そのような企業からのプレッシャーも大きいものです。

このように、借金はいけない、いけないと思いつつも手を出して先送りして、将来世代に負担を転嫁しています。

将来的には、借金は完済しなければなりません。とくに、借金すると利息も払わなくてはならないので、なるべくなら借金をしない方向が望ましい。財政健全化努力として、第1にすべきことは、**「プライマリー・バランス」を達成すること**というのは第3章で述べた通りです。

プライマリー・バランス（基礎的財政収支）というのは、元利あわせた国債費を除く歳入と歳出を比較して、歳入を歳出より大きくすること。プラスになれば、借金はこれ以上増えないので、いずれは返せるということになります。景気の上下によって歳入が変わるために、年ごとに返済額は変わりますが、何十年、何百年かかろうが、いずれは返せるという目途になります。このままではまもなく財政赤字も１０００兆円からさらに膨らんで１２００兆円、１４００兆円になってしまう可能性が高いでしょう…。

財政赤字問題の勝ち組は、景気刺激策によって利益を享受する有権者、借金を返さなくてもよい余命少ないお年寄り、関係する特別利益団体、及び予算を最大化したい省庁です。さらには、予算をとってきたと選挙区において喧伝できる国会議員も勝ち組にカウントできるでしょう。

最大の負け組は、利益を享受できない人たち、及び借金を返さなくてはならない若い世代の人たちになります。両者ともに若者ということになるかもしれません。どうやら、この財政赤字という問題は、若者以外が利益を享受し、若者がすべてのツケを払っているようにみえてきます。

以上が、若い世代の人たちに多額の借金を背負わせる構造です。けれども、若い層は選挙には行かないし、政治リテラシーも低いので、赤字国債が自分たちを直撃していることにさえ気づいていません。若者が声をあげて反対しているというのは聞いたことがありません。

1000兆円以上の借金をいまの若い世代で全額返せるとは思えませんし、その層も中年になる頃には投票するようになるに違いありませんから、国会議員もご機嫌をとるために、借金を返すのではなくて、さらに別の借金をして償還を先延ばしするのでしょう。かくして、現実的なシナリオとして、借金の雪だるまは、これから生まれる世代にまで続いていきます。

そのために近い将来必ずわが国の財政は破綻して、にっちもさっちもいかなくなるでしょうから、読者の方々には、今から日本経済の破綻を前提に、しかるべき資産運用をすることを推奨致します。

まとめ

第6章 財政赤字問題

1 2012年現在の財政赤字は、1000兆円を超えている。

2 GDP比で計算すると政府債務残高は200％以上、世界で最悪の状態である。

3 財政赤字とは、現在の不足を満たすために、未来から借金しているということである。

4 借金は返済しなければならないが、返済の議論はほとんど行われていない。

5

若い世代は「逃げ切り世代」に比べて、多額の借金（財政赤字）を返済しなければならない。

6

現在も財政赤字は増えていて、一般会計予算だけで44兆円以上が不足している。
消費税を1％上げると2.5兆円の税収が得られると計算すると、
単純計算で消費税は20％以上にならざるをえない。

7

財政赤字が現在のペースでふくらみ続ければ、
近い将来必ず日本の財政は破綻する。

第7章
エネルギー問題

2011年の東日本大震災

2011年3月11日午後2時46分に発生した東日本大震災が日本のエネルギー問題を根本的に変えてしまいました。マグニチュード9.0、最大震度7、死者・行方不明者あわせて、1万9000人あまり、被害総額は17兆4000億円に上りました。[2]

わが国のエネルギー事情に変革をもたらした問題としては、大地震そのものより、東京電力の福島第一原子力発電所で発生した水素爆発等の原子力事故です。この**福島原発事故**は、放射性物質の放出によって周辺地域に多大な被害を与えているばかりでなく、原発の存在そ

2　読売新聞朝刊　2012年3月11日、1面。

ものの意義について見直すきっかけを与えています。

「原発は怖い、したがって原発は廃止すべきだ」とは感情論であって、深く理解を深めておく必要があります。本当に日本の国策として原発廃止で良いのか、必要な情報をみなさんに知ってもらい判断していただくのがこの章の目的です。

日本のエネルギー自給率は４％

わが国はエネルギーを自給できません。なにしろ、世界でも有数のエネルギー消費大国だからです。**日本は世界のエネルギーの約５％を消費し、その消費量は世界第４位**です。**世界の２％未満の人口である日本が約５％のエネルギーを消費**しているわけですから、世界的な消費大国ということになります。

その消費を自国のエネルギー供給でまかなえるかといえば、不可能です。図7-1は、主要国のエネルギー自給率を表したものですが、日本のエネルギー事情は非常に厳しいものとなっています。

日本の自給エネルギーは、主に水力発電などによるもので、**全体のたったの４％**しかありません。先進国のなかでもちろん最下位です。フランスは８％、イタリア15％、ドイツ28％、

図7-1　主要国のエネルギー自給率（2008年）

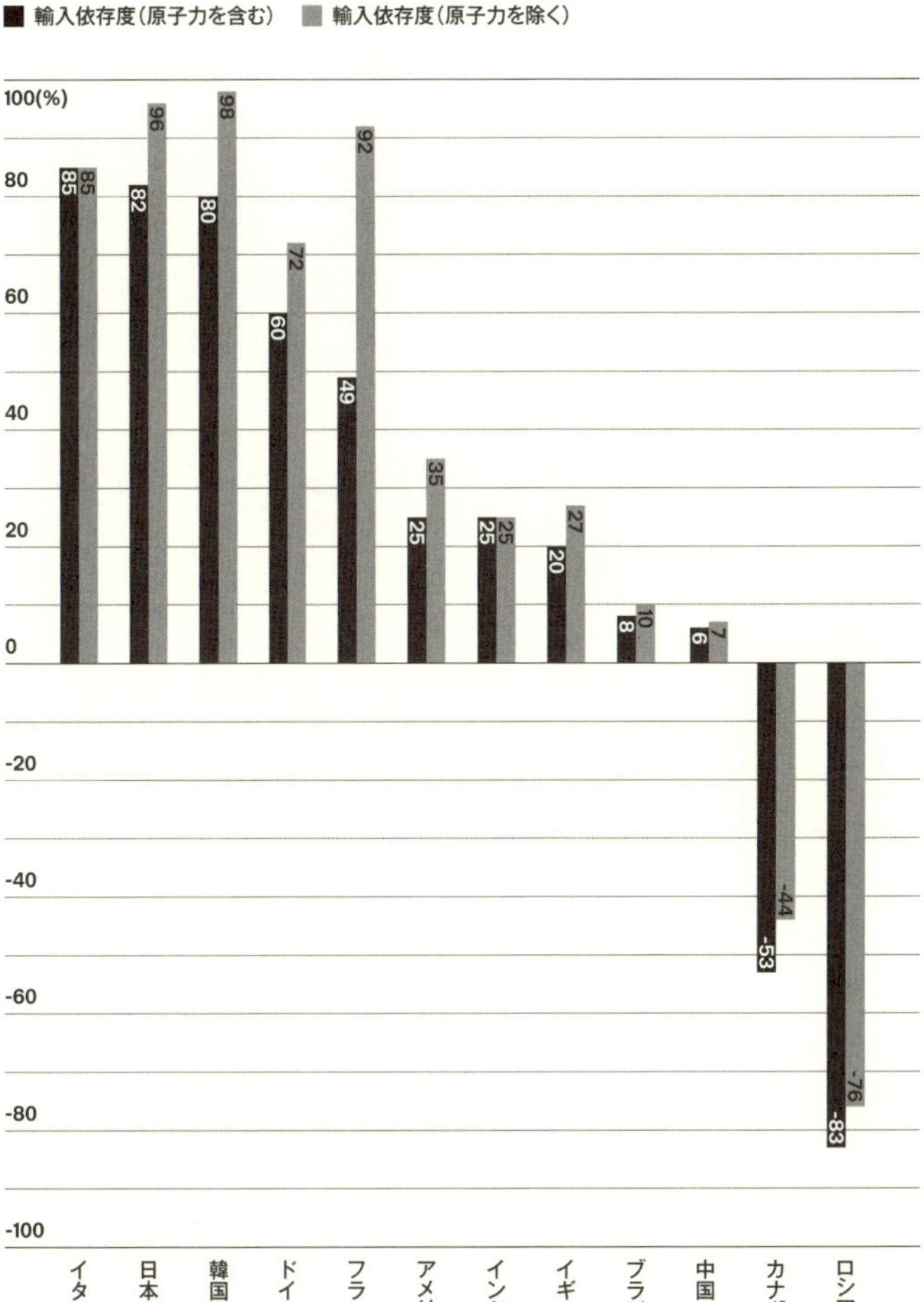

出典：電気事業連合会「原子力・エネルギー図面集」2011年より

アメリカ65％、イギリス73％で、カナダは100％を超え（144％）、他国へ輸出もしています。

日本は島国で、エネルギー源に恵まれず、他国に依存しなければならないために、エネルギー供給に関して非常に不安定な国になっているのです。それをまかなう意味で、原子力発電が存在していたわけですが、原子力発電を入れた数値でも、わが国の自給率は18％です。

原子力発電の特徴は、建設コストが大きく、廃棄コストが発生しますが、運営費用は少ないという特徴があります。またウランそのものは海外に依存するものの、多様かつ政治的に安定した国に分布しているために、供給には問題は少ないです。リサイクルが可能であることから、エネルギー自給率に組み込まれることがありますが、この原子力発電を入れても日本のエネルギー自給率は18％なのです。

地震国であるわが国では、原子力発電所をどこに作るかが長年焦点となってきましたが、確かに地震の問題が生じやすい場所に建設されているものもあります。また、発電所において問題が発生、あるいは発生する可能性があるときに、隠蔽する傾向が（1995年のもんじゅの例のように）否定できず、管理体制に問題が内在することは避けられません。福島第一原発事故は起こるべくして起こった事故なのかもしれません。

主なエネルギー源

原子力の他には、どのようなエネルギー源があるのでしょうか？　エネルギー源の主なものには、原子力の他に、化石燃料である石炭、石油、天然ガス。その他にも水力、風力、太陽光発電などがありますが、それぞれの特徴は以下の通りです。

①石炭

化石燃料の一つ。世界の埋蔵量（確認可採年数）は230年以上と推定。安価だが、かさばる。発電コストは比較的低い。二酸化炭素の排出量が大きいため、地球温暖化対策のためには、依存率を下げたい。各家庭の経済レベルより、国の埋蔵量が消費量を決める。世界最大の石炭埋蔵量を有する米国が典型。京都議定書に批准していない環境意識・環境コストの低い国（米国を含む）は、依存度が高い傾向がある。

②石油

化石燃料の一つ。世界の埋蔵量（確認可採年数）は50年程度だが、昨今の技術革新により、さらに年数が増えるといわれている。地球環境のためには必ずしも好ましいとはいえないが、石炭よりは良い。わが国は中東諸国、とくにサウジアラビア、アラブ首長国連邦、イランから原油を輸入しているため、安定的確保が課題。原油価格は需給のみならず、投機やＯＰＥＣ諸国の政治事情に左右されるため、不安定であるのが問題。

③天然ガス

化石燃料の一つだが、環境特性が他の化石燃料よりも優れている。東南アジア、なかでもインドネシアに依存。熱効率が大幅に上昇し、出力調整機能も有している。一般的に天然ガスは原油より割安だったが、最近の傾向では原油価格と熱量等価となっている。近年の注目は**シェールガス**で、北米にたくさんの埋蔵が確認されている。[3]

3　シェールガスとは、頁岩（シェール）層から採取される天然ガスのことを指す。従来の技術では採取が難しかったが、近年の技術進歩で採取可能となった有望な天然ガス。

④ 水力

わが国が自給できるエネルギー源の一つ。河川にダムを建設することによってはじめて発電が可能になることから、供給には限度あり。また、河川の生態系に悪影響を与える、自然の景観を損なうといったデメリットもある。水力発電の場合、建設コストは高くなるが、燃料費が無料なので、運営費は低くなる。単にダムに水を貯めて放出するタイプと、揚水発電の2種類がある。揚水発電は水を移動させる動力(電力)を使うため、多少コストは高くなるが、一般的には夜間の電力消費量の低いときに揚水するため、それほど高くはならない。

わが国のエネルギー供給を考える

さて、わが国は自国でまかなえるだけの油田があるわけではありません。福島原発事故後では原子力発電に対してアレルギーを持つ有権者もたくさんいます。したがって、右記のエネルギーをどこからか輸入しなければなりません。また環境に配慮しなければならないことはいうまでもありませんので、エネルギー源ならどれでもよいというわけではありません。

どのエネルギー源も一長一短ですが、現実的にはエネルギーを多様化させて私たちに供給

図7-2　1次エネルギー国内供給の推移

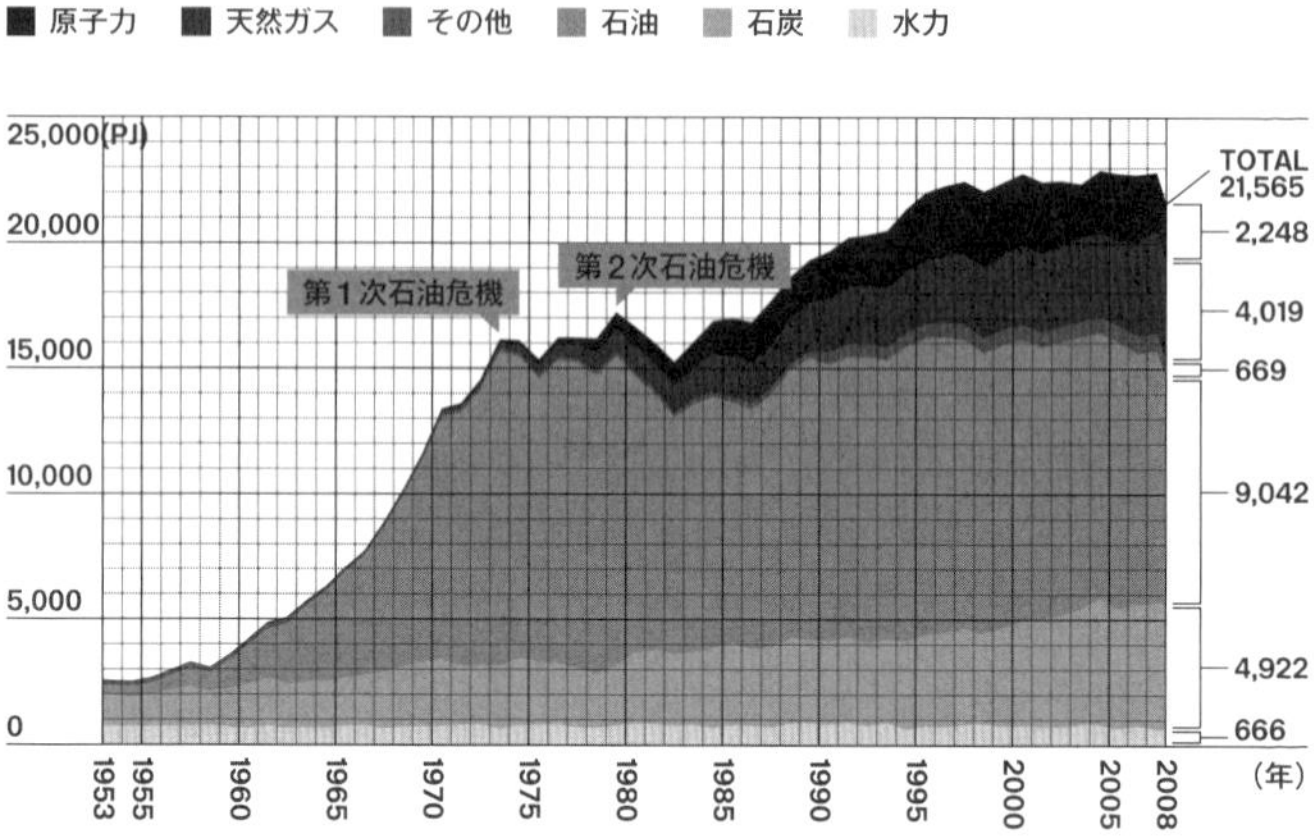

※1PJ(=10^{15}J)は原油約25,800klの熱量に相当(PJ：ペタジュール)
出典：資源エネルギー庁「平成20年度(2008年度)エネルギー需給実績(確報)」他

してゆかなければならないのです。

原発事故前のエネルギー配分は図7-2のようになっていました。

図7-2から、歴史的な傾向が読み取れます。まず、エネルギー消費が飛躍的に増大してきています。そのために日本のエネルギー政策が難しくなったのは、1950~60年代の高度経済成長期にいたる過程で、国内に点在する石炭から、海外、とくに中東諸国の石油に依存するようになってからのことです。1950年代前半には、エネルギー自給率が80%程度だったのに、現在ではわずか4%。この事実を考えると、いかに急速に、自国の石炭から石油など、海外のエネルギーへの依存が進んだかが

理解できます。

1970年代前半までは、石油が比較的に安価だったために、ピーク時の1973年では、わが国の全エネルギーに占める石油の割合は77・4％。その石油のほとんどが中東地域からの輸入でした。

そこに、1973年の第1次石油危機が到来します。原油価格はたった3ヶ月のうちに一挙に4倍に跳ね上がり、エネルギー源として石油に多大に依存していた日本経済は未曾有の不景気になってしまいました。翌年は狂乱物価の年という名の通り、消費者物価指数が23％上昇。日本中がパニックに陥りました。テレビの深夜放送は休止、エスカレータを運転停止にしたデパートもありました。

石油とは何の関係もないトイレットペーパーを国民が大量に買いに走ったため、極度の品不足になり、スーパーマーケットでは長蛇の列という光景があちこちでみられましたが、今次の東日本大震災の際にも同様の傾向がみられました。緊急時に必要となるのは、排泄関係用品なのですね。

ともあれ、その反省から、以後、石油及び中東諸国への依存の減少が、日本のエネルギー政策の柱となりました。その結果、現在では1次エネルギーの石油依存率は47％まで落ちていますが、それでも、近年のガソリン価格の乱高下にみられるように、海外からの供給状況や政治事情に左右されることに変わりありません。

海外に依存する以上、ある程度の不安定さは避けられないでしょう。問題は、どの程度の不安定さならば、一時的な供給不足に耐えられるのかという点です。エネルギー問題のキーワードは「多様化」で、一つのエネルギー源に集中させないこと、一つの地域からの輸入に頼らないこと。エネルギー依存問題の当座の対応はこれしかないようです。

エネルギーの多様化の必要性

図7-2からもわかるように、現在、どの程度のエネルギー配分になっているかというと、石油41・9%、石炭22・8%、天然ガス18・6%が化石エネルギー、原子力10・4%、水力3.1%、太陽光のような新エネルギーも同じく3.1%といったところです。

なお、1次エネルギーとは、自然界に存在するエネルギーの総称で、2次エネルギーとは1次エネルギーから取り出される電力、ガソリンなどの石油製品、都市ガスなどをいいます。

電力の供給が大震災後に問題となっていますが、図7-3を用いて、この点を詳しく解説しておきます。

私たちが毎日使う電力を構成しているものは、昼夜を問わず一定の電気を供給し続ける

図7-3　需要の変化に対応した電源の組み合わせ

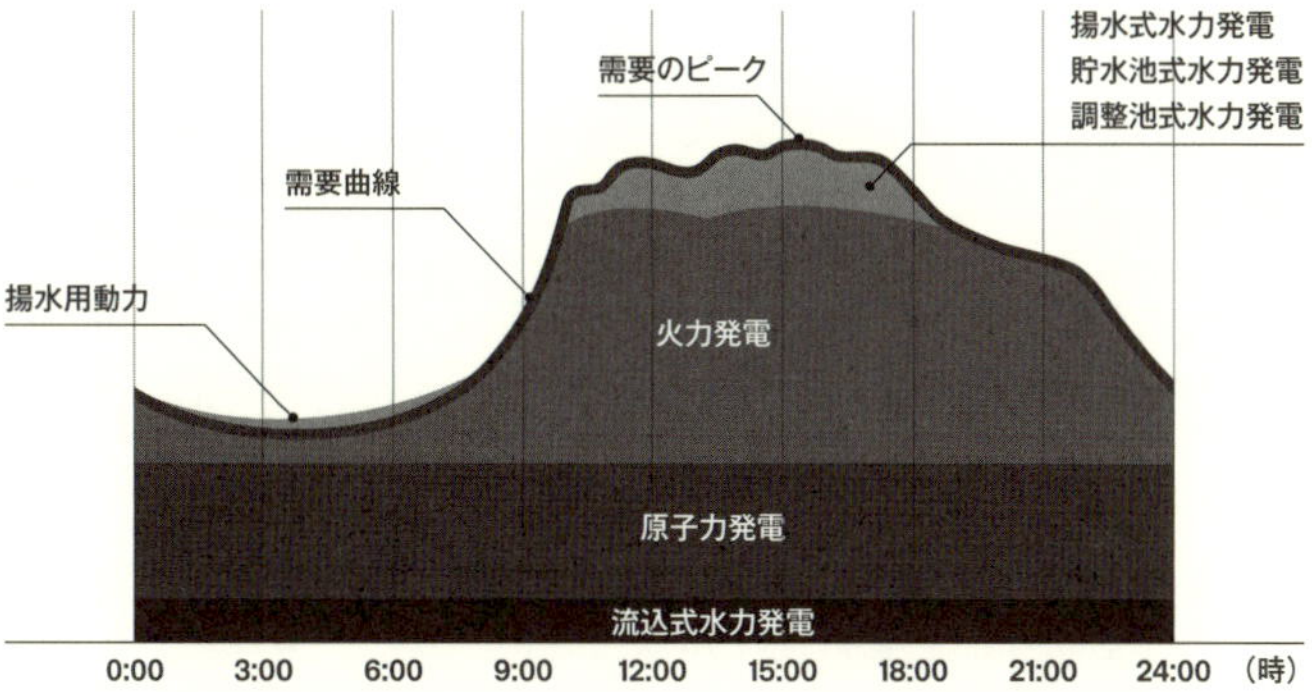

ベース電力と、需要の多い昼間に多くの電気を供給する**ピーク電力**の2種類があります。図7-3の通り、東日本大震災前の配分イメージ（電気事業連合会資料）としては、水力発電と原子力発電をベース電力として使い、午前10時から午後6時までの間は、石油等の化石燃料を使う形です。

　原子力発電がわが国のベース電力になっていますが、これはコスト面で優れた発電方式であるためですし、石油等による火力発電は供給量の調節が容易なので、ピーク電力として使われています。

　このように、私たちが毎日使う電力はベース電力とピーク電力の組み合わせになっているのですが、脱原発とは、ベース電力として原子力発電を使わないという意味になります。

したがって、石油などの火力発電の比率を引き上げるということになりますが、コスト的に高いものであるため、電気料金が上がりますし、また石油を供給する中東地域の政情不安により、安定供給を必ずしも期待できないといったようなデメリットが存在します。

エネルギー自給率が極端に低いわが国では、すべてのエネルギーは一長一短なのです。

新エネルギーの問題

原発事故後は、中長期的展望に立った場合、原子力発電量は最小限に抑えてゆく方向でコンセンサスができつつあります。しかしエネルギーの需要は高い。そのジレンマを解決するのが「**新エネルギー**」です。果たしてどの程度期待できるのか検討してみましょう。

①風力など

まず、**風力**があげられます。自然エネルギーのため、環境的には問題ありません。また、化石燃料は価格が他国の政治情勢によって変動するため、発電にかかる費用の変動が大きいのに比べて、風力発電の場合は、いったん建設されればコストの変動が小さいのも長所です。

しかし残念ながら、「風況」という制約があるため、ベース供給力にはなりません。あくまでも補完的エネルギーです。その他にも、建設用地確保の問題、騒音、景観に悪いという問題も現実問題として生じてしまいます。

この他にも、波を利用した**波力**、廃棄物を利用した**廃棄物発電**、また近年注目を集めている**バイオマス**がありますが、風力発電と同じように、主たるベース供給にはなりません。

②太陽光

太陽光発電が注目を浴びています。太陽光は自然エネルギーを利用した再生可能なエネルギーです。太陽光があるかぎりエネルギー源も無限にあります。温室効果ガスを排出しないため、環境に優しいですし、使用済み燃料の処理が必要ないという点も特筆に値します。

ただし、投資コストが高いというのが難点です。企業、家庭、学校等の屋根に太陽光パネルをつける作業が必要です。また、季節、天候、時間帯といった制約があるため、ベース供給力にはならないという問題もあります。いずれにしても、パネルを作る側の企業の技術革新が必要で、もっと安くて長持ちするパネルを作るための技術開発なしには実用化が難しいです。

③ 地熱

日本は世界有数の**地熱大国**のため、わが国特有の代替エネルギーの可能性として、地熱発電があります。日本は火山国であることからもわかる通り、**日本の地熱資源は世界第3位**となっています。開発可能な場所で試算しただけでも、原子力発電所13基分のエネルギーが得られるそうです。化石燃料が二酸化炭素の排出と密接に結びついている一方で、地熱発電は二酸化炭素がほとんど出ないクリーンなエネルギーである点も重要です。

しかしながら、わが国の地熱の新規開発は、21世紀に入ってゼロの状態です。より積極的な東南アジア諸国や米国にも遅れをとっています。理由は、初期投資が高いことです。多額の初期投資をしてから元が取れるまでに、10年以上かかるため、民間企業は二の足を踏んでしまうのが実情です。

民間ができない地熱発電といった大型プロジェクトは、発電所を建てたい場所が温泉地であったり、国立公園のなかにあったりすることも多く、そのために政治主導が必要となってきます。2012年3月、政府・環境省もやっと重い腰を上げて、国立公園内の有望場所を選んで「縦掘り」によって地熱発電所を作ることを許可しました。今後の展開が注目されるところです。

このように、新エネルギーは可能性としてはありますし、エネルギー安全保障としても、地球環境保全という意味でも、ぜひ活用したいものですが、短期・中期的に日本のエネルギー問題を解決するものではありません。

それではどうしたら良いのでしょうか？　難しくて決められないでしょうか。しかし、私たち有権者が決められないなら、誰かが私たちに代わって決めることになります。現在の日本のおおまかな指針は経済産業省が策定しています。それを私たちの代表である国会議員、そのまた代表である総理大臣が追認しているという形です。石油危機、福島原発事故のような突発的な出来事がない限り、ほとんど忘れられた状態にあるのがエネルギー問題です。

前述したように、有事に備えるのが政治の役割。政治の担い手の根本にあるのは、私たち有権者です。経済産業省の官僚ではありません。ですから、少しでも日本の脆弱性、依存性を理解していただき、そのうえで、原発問題が風化してしまう前に、みなさん一人一人に考えてもらいたい点です。

現実的には、一つのトレンドとして、(1)環境的には決して良くない化石燃料の多様化、(2)原子力発電復活に向けたコンセンサス作り、が着々と進んでいます。それが嫌であるなら、みなさんの意見を発信すべきときのようです。

まとめ

第7章　エネルギー問題

1

わが国のエネルギー自給率は４％である。世界の先進国のなかで最低の水準である。

2

日本は世界のエネルギーの約５％を消費し、その消費量は世界第４位である。

3

原子力を入れると自給率が18％になるが、東日本大震災後は脱原発に向かっている。

4

脱原発に向かえば、エネルギー源を他に求めなければならず、ベース供給の可能性としては石油、天然ガスの２つしかない。

5

他国からのエネルギーに依存することは不可避であることから、国の政策として、エネルギーを安定的に確保することが重要になってくる。そのためにも供給源を多様化することが不可欠である。

6

風力、太陽光といった新エネルギー源はベース供給力になるには難しい状況である。

7

世界第3位の地熱資源大国の日本は、地熱発電に注目すべきである。

第8章 食料問題

食料の海外依存体質

前章のエネルギー問題に引き続き「依存」がテーマです。第6章では、財政赤字の依存、つまり現在の財政を借金でまかなって次世代の人たちに依存する姿、第7章では、エネルギーが自給できないために海外に依存している日本の姿を学びました。

第8章の依存問題は「食料」です。わが国の食料事情を考えると、日本政府のゆがんだ政策がみえてきます。

食料の最大の問題は「お金儲け」が難しい点です。輸入品の方が安いから海外から食料が入ってくる。国内では農作物を作ってもそれほど儲からないから、担い手が減る、とくに若者が興味を示しません。ですから、お年寄りばかりが農業に従事して生産性も落ちる、あるいは耕作放棄地も増加するという結果になります。

また、安価で安全な(と思われる)農作物や食品が海外から輸入されることによって、第2の問題、食料自給率の低下という問題が引き起こされています。

カロリーベースで考えると、自給率たったの40%程度です。もう一つの自給率の計算方法、**「生産額ベース」でも70%前後**に過ぎません。カロリーベース(主に野菜等を含まない計算方法)では、半分以上を海外に依存しています。最低限生きるのに必要な食料も自国で生産していないのです。

他国に頼る体質では、いつ他国が日本の期待を裏切るかわかりません。他国の政情不安だったり、日本に対する敵意や感情的な嫌悪感だったり、農作物の不作だったり、毒物の混入やBSE、鳥インフルエンザのような病気だったり、さまざまなケースが考えられますが、依存は少ないに超したことはありません。海外に依存しすぎると、国の存亡に関わる事態が発生する確率が高くなるのです。すでに危険水域に入っていると思います。

農業・食料に関するデータ

農業問題のすべての出発点は、**一農家あたりの作付面積が異常に小さい**点です。耕作地が小さければ儲けが少ないのは当然です。農業・食料に関するデータをみてみましょう。

戦前までは、だいたい農地面積550万ha、農業就業人口1400万人、農家戸数550万戸で安定していました。しかし、現在の総農家戸数（農水省統計）は、半分以下の250万戸です。そのうち年間50万円以上の農産物を販売している「販売農家」は160万戸弱、自分の家庭用だけを栽培している「自給的農家」は約90万戸です。農業従事者の戦後のピークは1960年の約1450万人。その後漸減して、2011年には250万人になっています。そのうち、**65歳以上が61％を占めて、全体の平均年齢が66歳**です。

農地面積は470万ha。しかし、**耕作放棄地は38万ha**で、これは埼玉県の面積と同じくらいです。5ha以上の農家はたったの9万戸程度で、農家の平均耕作規模は1・15ha程度と考えられます。1haというのは、100m×100mの面積なので、1・15haというと、農作物を作るには、なんとも小さいと思われます。

なお、全国の食料需給の状況は一様ではありません。自給率トップ（2009年データ）は北海道の187％、一大食料生産地です。北海道のほか、秋田（175％）、山形（134％）、青森（121％）、岩手（108％）の東北4県がわが国の食料供給地になっています。最低は東京都の1％。続いて大阪の2％、神奈川の3％。北海道・東北の食料を大都市が消費している構図がみえてきます。

またわが国の農水関連予算は毎年2兆円程度です。農業従事者が250万人（＋水産が20万人、林業が5万人程度）しかいない現実、国の一般会計予算のうち、基礎的財政収支対象経費（141頁、図6-2参照）が年間70兆円未満である事実を考え合わせると、非常に大きな予算です。

以上を要約すると、現在の日本の農業は、

(1) 1戸あたりの平均農地面積は圧倒的に小さい
(2) 農家戸数、農業者数が減少している
(3) 農業全体では著しい高齢化が進行している
(4) 東北・北海道といった食料生産地から大都会に食料が供給されている
(5) 農水関連の従事者は、政府から手厚く保護されている

という特徴があります。

食料の海外依存の歴史的推移

以上の農業事情を踏まえて、わが国の食料問題を端的に表す2つのグラフをみてもらい、食料に関わる問題を検討します。

図8-1　食料に関する自給率の歴史的推移

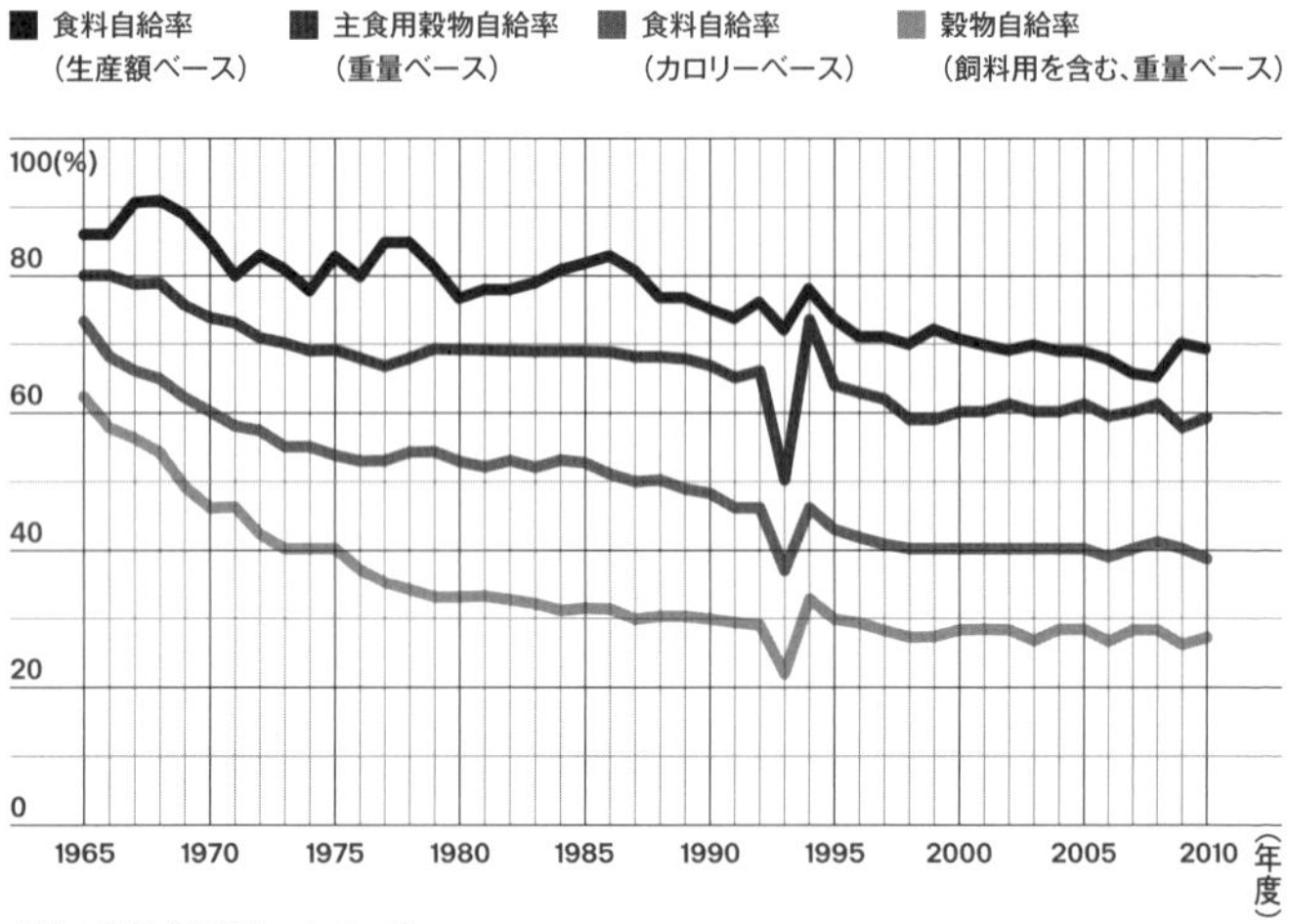

出典：農林水産省ホームページ

一つめは、図8-1の食料自給率の歴史的推移です。東京オリンピックの翌年の1965年から2010年までのデータで、折れ線は、生産額ベースの食料自給率、重量ベースの主食用穀物自給率、カロリーベースの食料自給率、及び重量ベースの穀物自給率の4つです。4つとも顕著に減少してゆき、現在では各々、69%、59%、39%、27%にまで落ち込んでいます。

自給率が低下した最大の原因は、「食生活の洋食化」といわれています。確かに戦後まもない時期から1960年代までは、お米を主食として、海産物や野菜中心の食生活でしたが、1971年の変動相場制の導入により、1ドル＝360円から徐々に円高が進むにつれて、海外の食生活に移行したり、輸入食品が安く手に入るようになったりして、欧米型の食事である肉や乳製品といったものを多く口にするようになりました。米については戦後のピーク時から考えると、1人あたり半分の消費となる一方で、肉類の消費は5倍に増えています。

わが国の食料自給率が減少した一般的な説明として、右記のような日本の食文化の多様化に伴うものだという人もいますが、説明としては弱いです。消費者の消費パターンが変化していれば、供給側も変化すれば良いだけの話です。需要に合わせて供給するのは経済原則です。

自給率が低下している本当の理由は、大雑把にいえば、国産品のほうが高いからです。たとえば、労働力が安価な中国などの発展途上国で作られた食料は、やっぱり安い。家電や洋服と同じように食料もみな安価だから、輸入するのです。

農業分野の関税が徐々にではありますが低くなるにつれて、海外の食料や食品が相対的に安価になり、輸入食品及び輸入食材が八百屋やスーパーマーケットで売られ始めると、消費者としては、多少の味の違いはさておき、より安価なものへと消費が流れていくのは仕方のないことです。

しかし、農産物が安いのは、労働力が安価な中国ばかりではありません。大豆や小麦の過半数は米国から輸入されており、先進国のなかにも勝ち組がいます。米国にできるのだったら、日本にもできると考えるほうが自然です。日米の労働賃金の格差はほとんどありませんので、米国で安く作ることができるならば、日本でも安く作ることができるはずです。ところが、1人あたりの農地があまりに小さいので、大量生産ができないという事情があります。

食料品の輸入の自由化という流れのなかで、**農業を含む第1次産業の従事者は1960年には3人に1人程度だったのが現在では総人口の5%程度**にまで下がってきています。とはいっても、農業大国のカナダで2.6%、米国でも総人口の1.6%ですから、日本の農地の狭さに比べて、まだ5%である事実からして、今後も低下してゆくものと予想できます。

農業人口が減ったとしても、1人あたりの農地が増え、さらに若い世代の農業従事者が増えれば問題ありませんが、現実には、大型の株式会社の農業参入は遅々として進みませんし、農業者の高齢化や後継者不足、耕作放棄地の増大など、問題をかかえています。

とにかく農業従事者の高齢化は由々しき問題で、前述したように、現在の農業従事者の平均年齢は65歳を超えてしまっています。若い担い手が圧倒的に不足していて、将来の農業が危ぶまれているのです。専業農家になれるくらい農地を持っていれば、平均所得も年収ベースで500万円近くにはなりますが、農業所得の全体の平均(2010年度統計)が122万円ですから、零細農家では若者を引きつけるだけの魅力に欠けているようです。

図8-2 主要国の食料自給率の比較

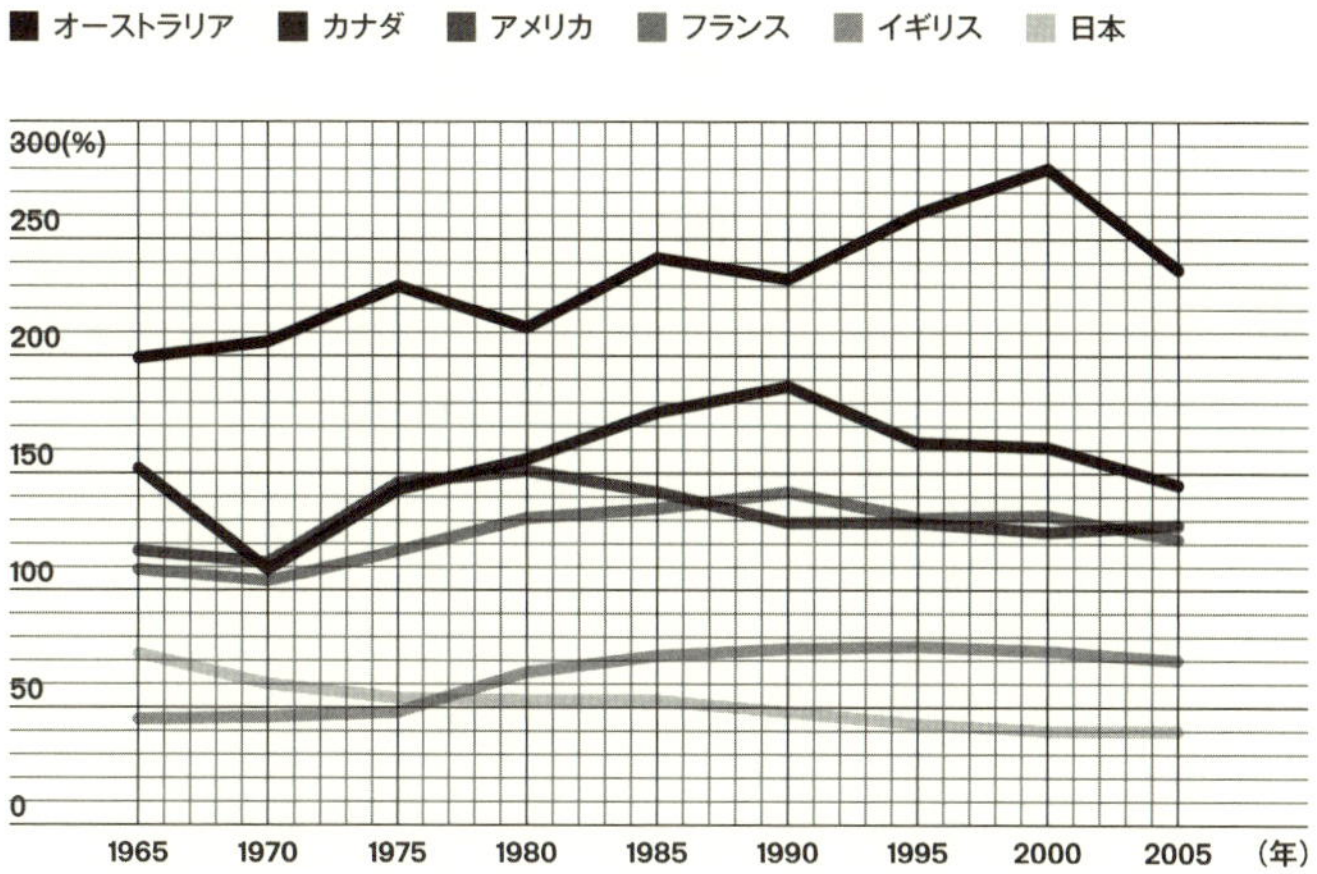

農水省データより作成

他国との食料自給率の比較

もう一つのグラフ、図8-2は、主要国の食料自給率の比較です。この図では、自給率100%のラインを超えている国は、オーストラリア、カナダ、アメリカ、フランスの4ヶ国で、100%を下回っているのが、イギリス、日本の2ヶ国ですが、1980年代以降、日本の自給率が最も低くなっています。

オーストラリア、カナダを筆頭に、アメリカ、フランスの自給率が100%を越えているということは、食料の輸出国ということになります。これらの巨大な農業国は、なるべく海外に農産物を売りたいと願っています。大きな儲けになりますし、食料は、将来、政治的な「武器」に使うことも可能ですので、ビジネスと政治、両方の側面から、ぜひ他国に輸出したい。そのターゲットになっているのが食料自給率の低い日本やイギリスといった国々です。

食料輸出国を総称して「**ケアンズ・グループ**」といい、国際会議の場では団結しているのが特徴です。とくに農業問題を扱うローマの国連機関、たとえば**FAO**（**食料農業機関**）、**WFP**（**世界食料計画**）、**IFAD**（**国際農業開発基金**、筆者が所属していました）では、大きな発言力を持っています。

食料安全保障

エネルギー依存問題と同じように、海外から安定的かつ安全に食料が提供されるのであれば問題ありません。しかし、海外から大量の食料を輸入すると、次の問題が生じます。

(1) 食料の自給率
(2) 食の安全
(3) 食料の安全保障

の3つです。つまり、食料の自給率が下がれば、食料の安全保障や食の安全が脅かされることになります。事実、日本は食の危機に晒されているのです。

海外からの農産物には、どのような肥料が使われ、どのような品質管理が行われているのか、よくわかりません。とくに2008年の中国の毒餃子事件、毒粉ミルク（メラミン）事件などを踏まえると、国産にこだわりをみせるのが自然でしょう。実際、内閣府が2008年に実施した「食料・農業・農村の役割に関する世論調査」では、93％の日本人が将来の食料輸入に不安を持ち、食料自給率を高めるべきだと考えているという結果がでました。

しかし、実際問題としては、原材料は海外からの輸入品で、加工は日本で行うため、見かけだけではわかりません。エンゲル係数をこれ以上高くできない低所得層では、やはり原産地に対する危惧や味へのこだわりよりも価格が優先されがちです。

ほとんどの人が、自給率は高めるべき、国産もののほうが安全だし、栄養価が高いし、おいしいと思うのだけれど、自分の収入を考えると、実際には安価な海外ものに手を出してしまうようです。

他方、売る側の外食産業としても、価格競争が激しいので、安価な海外の食料を用いなければならないという事情があります。大衆酒場やファミリーレストランは、どこでもたいへん安いものですが、輸入食料を使っているがゆえにできることです。

政治と農業

政治と農業は密接に関わってきました。この点が農業問題を複雑にする要因の一つです。従来、農業従事者は自民党の支持者でした。農業就業人口は250万人と述べましたが、そのほとんどが地方の選挙区に居住し、伝統的に自民党に投票してきた経緯があります。また65歳以上の人々は非常に高い確率で選挙に参加していることはすでに学びましたが、そのために自民党にとってこの人たちを手厚く保護することは重要な政治案件でした。

主業農家であろうとなかろうと、どんなに耕作地の規模が大きかろうと小さかろうと、家族という集団で考えると農業に携わっている人が1人でもいれば、手厚く保護されることによって利益を得ている現実を知ることになるので、自民党議員にとっては農家数を減らさないのが至上命題です。耕作地が小さいからといって土地を手放して、第1次産業以外の職種につかれたら、支持票が逃げてしまいかねない。ぜひとも避けたい事態です。ですから、仮に零細農家であっても、ずっと農業を続けさせることが、政治家にとって重要なことであると考えられます。

大規模農業は日本国には良いことであるが、その途上で票数が減り、自分が選挙で落選することは回避したいという意識が各国会議員にあるはずです。

また、農業協同組合（JA）の構成員は900万人以上。日本最大の特別利益団体だといえるかもしれません。それに加え、監督官庁である農水省が2兆円以上の予算を持っているので、1票の格差の大きい地方区では、農業従事者という有権者、JAという特別利益団体、農水省、そして国会議員の四者ががっちりスクラムを組んでいる構図が浮かび上がってきます。農業問題の改革が進まない理由は、どうやらこの辺にもありそうです。

将来の農業の形

わが国の農業をどうやったら蘇生できるのか？　現在は、魅力ある農業ではないために担い手が不足しています。このままではさらに自給率が下がり、日本の食料安全保障に大きな悪影響がでてきます。

従来の解決策の一つは、**海外の農作物に関税をかけて農業を保護する政策**でした。現在でも国内の農家を守るために、約100品目に200％以上の関税をかけています。たとえば、落花生は500％、バター300％、砂糖270％といったように、かなり高い関税をかけています。前述したコンニャクイモのように1705％もの関税をかけていたものもありますが、これは、そのくらいしないと、中国の製品との価格競争に負けてしまい、コンニャクイモ生産農家が全滅してしまうという理由からです。

保護政策は時代の趨勢には合致しません。日本の農業を蘇生させるには国際的な競争力をつけさせる以外にはないようです。食料も商品の一つ、例外ではありません。

一つの可能性としては、安価な農産物を海外から輸入し、加工して付加価値をつけたうえで、食料製品として輸出する…、本来ならこれが可能だし、これを目指さなくてはなりません。でも、していません。あるいは、日本で国際競争力のある農作物を作って海外に売る、これも可能性の一つです。

確かに、盛んに農作物を輸出している国(オーストラリアなど)もあれば、農作物を加工して売っている国(フランス、イタリアなどのワイン輸出国)もあります。現在まで日本の農家は消極的です。

これでは、日本の農業は衰退してしまう。その過程で、安価だが決して美味しいとはいえない海外の農作物を食する比率が増えてゆく。そのことは確かなようです。

まとめ

第8章　食料問題

1

「カロリーベース」の食料自給率は40％程度である。「生産額ベース」の自給率は70％前後であり、いずれにしても食料を他国に依存しているのがわが国の現状である。

2

農地の問題ではなく、他国で生産された農作物、食料品の方が安価であるために輸入が拡大した結果、自給率が減少している。

3

農業分野は55年体制下の自民党の政策によって保護されてきた。農協を中心とした農業従事者が従来自民党を支持してきたためである。

4

わが国の1戸あたりの平均農地面積は圧倒的に小さく、農家戸数・農業者数が激減し、極度の高齢化が進んでいる。

5

食料を他国に依存するということは、
食料の安全保障という意味から好ましいことではない。

6

関税や補助金によって農業を保護するのではなく、
自由貿易時代の到来を踏まえて、農業を輸出産業に育てる政策への転換が求められている。

第9章 少子高齢化問題

少子・高齢化問題の現状

まずは図9-1が、わが国が根本的にかかえる大問題、少子高齢化問題の出発点です。歴史的に人口の推移をみれば、現在の状況がいかに大きな問題であるかが理解できるはずです。図9-1は弥生時代から2200年までのわが国の人口の推移です。

歴史的にみると、そもそも日本に人が住み始めたのがいまから2万年くらい前です。誰も住んでいなかったところに住み着いたわけですから、日本人第1号というわけです。日本はまだ大陸と陸続きで、スンダランドと呼ばれる地域でした。現在のマレーシア、インドネシアといった南方から、いわゆる「縄文人」が移住してきました。

その後、弥生時代に入ると、朝鮮半島を経由して大量の弥生人が移住して、縄文人を駆逐し

図 9-1　日本人口の推移

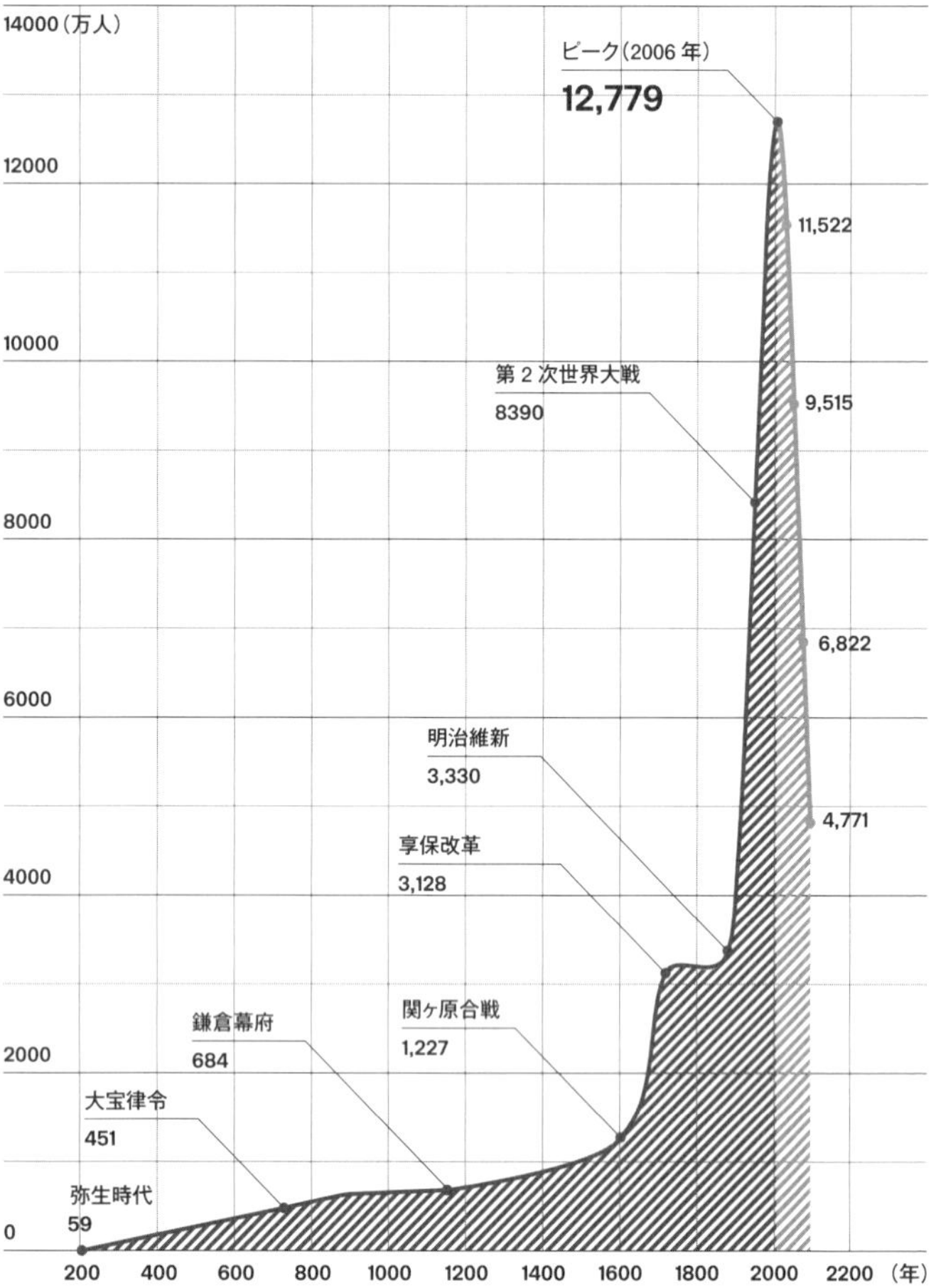

出典：「社会実情データ図録」

てゆきます。私たち日本人は、縄文人と弥生人がまざった特徴を持っていますが、比率はだいたい2対8〜3対7といったところで、弥生系が色濃く出ています。

図にある通り、鎌倉時代でさえ、まだ684万人です。現在の鎌倉市の人口が17万人あまり、神奈川県の全体人口が約900万人ですので、当時の日本の総人口は現在の神奈川県民よりもずっと少なかったことになります。

1600年の関ヶ原の合戦当時は1227万人、明治維新（1868年）では3330万人です。その後、医療技術の発展により急激に人口が増加して、1967年に1億人を超え、**2006年にピークを迎え、総人口、約1億2800万人**となりました。

残念ながらその後急激に人口は減少して、将来もこのトレンドは不可避です。ほぼ確実に2100年では半減以下の4771万人になります。このままでは1000年後の31世紀には日本人はこの地球から消滅してしまう計算になります。

この日本人消滅のトレンドを作りだしているのが、みなさん自身なのです。結婚しない、子どもをつくらない…、このミクロレベルの行為が、マクロレベルで日本を消滅に導いています。

現在、その消滅に向かって一直線に進んでいる過程にいることはわかっていただけましたでしょうか。理由は、日本人が結婚をしない、子どもを産まないからということも。結婚してカップルになり、2人の子どもをもうければ、出生率2.0ということでほぼ人口は横ばいで推移しますが、現在の出生率はだいたい**1.3**です。

1.3という数字を解釈すると、男女100人ずつ200人いたら、次世代は130人になるということです。その次の世代は85人、その次は55人、といったように、理論上では、だいたい100年くらい経つと人口が4分の1になってしまうのです。

少子化問題の根源は「恋愛」問題

少子化の原因は、大きく分けて2つあります。夫婦が持つ子どもの数が減少していること(有配偶者出生率の低下)と、そもそも結婚しない人たち(未婚化、非婚化)が増えていることです。2つが原因といっても、後者の方が大問題です。

結婚したカップルの子どもの数は1970年代以降、減少しつつあるもののだいたい2人くらいはもうけているので、昨今の少子化の最大要因というわけではないようです。

夫婦に子どもが3人、4人というのは戦前の話で、医学が発達した現在では、有配偶者出生率がだいたい2でも、日本の人口はほぼ維持されると考えても良いし、実際に2程度となっています。したがって、夫婦の持つ仕事、とりまく環境、子育てに回せる収入などに左右されるものの、現代社会での夫婦間のミクロの意思決定として、いったん結婚することができれば、マクロの少子高齢化問題が顕在化しないと考えられます。

専門的にいえば、**出生率とは有配偶者出生率（一夫婦当たりの出生率）と有配偶率（結婚率）との合算**です。1970年代までは確かに前者の影響により出生率が低下しましたが、1980年代以降、有配偶者出生率はほぼ横ばいなので、後者の有配偶率、つまり未婚化・非婚化が出生率を下げている要因といえます。つまり、**「結婚しない若者」が根本的な少子化の原因**ととらえたほうが、少子化問題の根っこを理解する上では適切で、この恋愛・結婚問題を解決しないかぎり、少子化問題はずっと続くことになります。

しかしながら、政府の少子化対策は子ども手当といったように夫婦に対するものが圧倒的で、税金をつぎ込んでも対策にはならないという、まったく的外れな税金の無駄遣いをしてきました。

私は世間的には恋愛学者となっていますが、政治学者としては恋愛と少子化問題の関連性を研究してきました。少子化問題の原因は、恋愛や結婚に問題があるとの前提で考えると、若者の間で恋愛や結婚ができない原因は何かを知る必要があるということになります。今まで蓄積したさまざまな恋愛や結婚に関するデータがありますので、データを使いながら、みなさんに少子化問題、少子化の解決策を知ってもらいたいと思います。

少子化の原因

少子化問題が生まれた主な原因を４つあげます。①結婚後のみに得られるものの減少、②お見合いの減少、③非正規雇用の増大、及び④女性のベースライン思考、です。各々詳しく検討します。

①結婚後のみに得られるものの減少

かつて、男性にとって結婚によって得られるメリットには、子どもをもうける、定期的かつ独占的にセックスをする、専業主婦として家事炊事洗濯をしてもらう、結婚というステータスを獲得するなどがあげられました。ところが、近年では、セックスに対する価値観の変化、外食産業の発達、結婚というステータスが職場の昇進に必要不可欠ではなくなった、といったことから、子どもをもうけるという1点を除いては、結婚にこだわる必要性がなくなってきました。

また、炊事についても、外食産業の発展によって食料確保には不自由しませんし、家事全般も掃除機、洗濯機の機能向上によって安楽にできるようになりました。結婚の大きな目的の一つである異性を相互保有して独占的にセックスを行うという点も、昨今の風潮により、結婚前でも行われるようになったことから、結婚後に得られる(女性からの)資産が目減りしている点も指摘できます。

さらに子どもという資産。従来、子どもを持つインセンティブには、(1)自分の遺伝子が次世代に受け継がれる本能的な喜びの他に、(2)自分の家や資産を継続する、及び(3)老後の介護をしてくれるというものがありました。しかしながら、子どもをもうけたとしても、その子どもが必ずしも結婚して孫をもうけてくれるとは限らないので、自分の家や資産を次世代に受け継がせることが期待できなくなりましたし、核家族化に伴って子どもが老後の面倒をみてくれるかもしれないという親の期待はほぼ完全に持てなくなりました。

さらに、子どもの成長過程で、多額の教育費の支出、いじめに合ったり落ちこぼれたりするといったような教育上の問題もからんできて、子どもをもうけること＝人生での至上命題という図式が当てはまらない時代になってしまったようです。

というわけで、結婚してはじめて得られる資産が目減りしている現代社会では、結婚への敷居が高くなって、結婚することの合理性が薄れてきているようです。

②お見合いの減少

2つめの理由は、お見合い結婚の減少です。

お見合い結婚の特徴は、多少の修正が施されているにしても、写真によってある程度の視覚的判断を行うことができると同時に、年齢、職業、学歴といった条件も事前に知らされることにより、結婚に関する条件面での情報が容易に入手可能だった点です。さらに、結婚したいという意志が両者にあるという前提で見合いをするわけですから、恋愛感情がわくかどうかが唯一の不確定要素で、その1点さえクリアすれば結婚にたどり着くことは容易でした。

私は「**3ない男**」という言葉を作り、「勇気がない」、「時間がない」、「出会いがない」男性の存在を知ってもらうようにしてきました。恋愛経験が乏しく、仕事が忙しいために異性と出会うチャンスがない人々を指しています。従来はそのような「**3ない男**」**が**「**結婚市場**」**から売れていく最も効率的な手段として、お見合い結婚が存在していた**という歴史的背景がありました。

戦前の1930年代では全結婚の69%、戦後でも1960年代前半までは約半数がお見合い結婚で結婚していたのです。定義があいまいながら世間一般で広く使われている「草食系男子」という言葉に代表されるような男性は、お見合い制度によって、配偶者をみつけることができていたのでした。

ところが、1960年代後半から、西洋的な恋愛重視の風潮、男女の間に立ってくれた世話人の女性の減少等の理由から、徐々にお見合い結婚が減少してゆき、1970年代では3人に1人程度、1980年代では5人に1人、1990年代では10人に1人と減少し、現在では20人に1人程度がお見合いで結婚しています。

20人に1人ということは、20人中の残りの19人がお見合い以外の方法で結婚しているということですが、この数字が表しているように、「3ない男」にとってはなかなか結婚が難しい状況ではあります。

「3ない男」は、時と場所によってマニア、オタク、アキバ系、草食系男子、マグロ男等さまざまな呼び方で表現されていますが、これらに共通する男性像は、口説くことが下手である点です。女性をリードできない、デートの仕方がわからない、プロポーズの仕方がわからない、傷つくのが怖いといった点で共通していて、ひと昔前ならお見合いで「結婚市場」から退場していった人たちなのですが、出会いのパターンの変化により、長い間結婚市場にとどまることになり、特異な存在として積極的な女性の不満の対象になったり、社会学者やマスコミに取り上げられたりしているようです。

また、お見合い結婚以外の方法では、「**職場結婚**」あるいは「**社内恋愛**」という方法がありました。1960年代では職場結婚が40％だったのですが、職場結婚は視覚のみならず、聴覚や嗅覚といった五感のほとんどを駆使して相手を毎日長時間見極めることができるという点、さらには性格の相性のほか、年収といった条件面をも知り得る立場の２人が、仕事を通じてお互いを確認しあうことができたという点で、効率的な出会いの方法でした。結婚に向けて特別の努力を行う必要はなく、食料獲得と異性獲得の両方を同時に行うことができる場所として仕事場があったわけですが、現在では、職場結婚は徐々に減少して30％程度となっています。それでも現在も、職場での出会いは「友人・きょうだいを通じて」結婚にいたる手段とともに、結婚への近道として存在していますので、引き続き重要な出会いのパターンであることに変わりはありません。

最近では、お見合いに代替する方法として、地方自治体が主催するお見合いパーティ、結婚相談所、街コン等が模索されていますが、それほどの盛り上がりにはなっておりません。

③ 非正規雇用の増大

図９−２、図９−３は経済的側面からの分析です。日本経済の状況が恋愛や結婚に影響を与えているようです。

図９−２は、30歳代男性の正規・非正規別の結婚、交際状況を表したものですが、正規雇用

図9-2　30歳代男性の正規・非正規別婚姻・交際状況

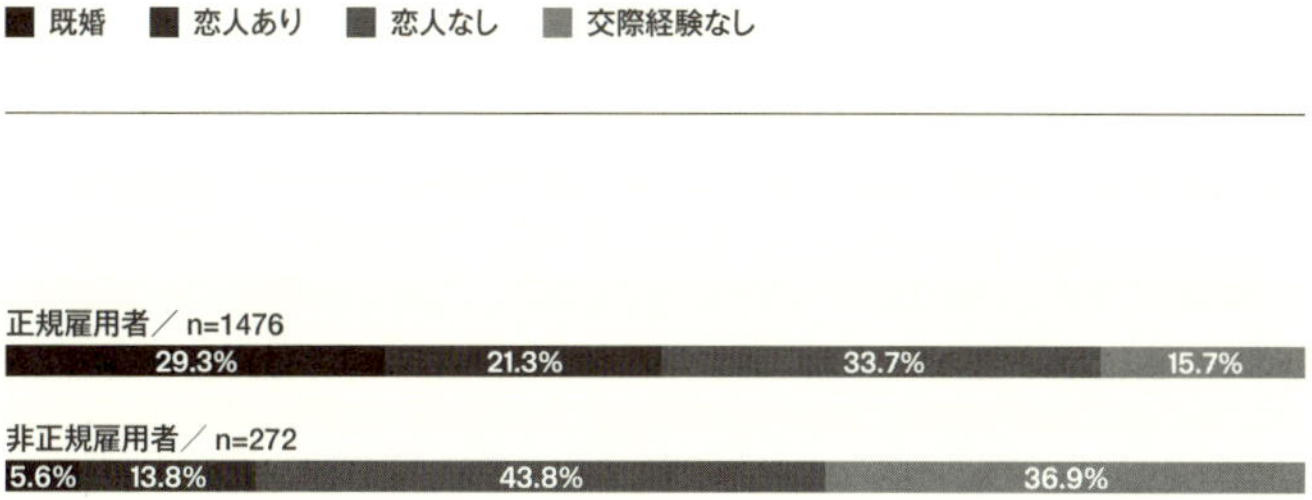

※2010年9～10月に実施された20～30代の未婚男女及び結婚3年以内の男女、計10,000人を対象としたインターネット調査（登録モニター対象）による。
資料：内閣府「結婚・家族形成に関する意識調査」,「社会実情データ図録」

者で結婚している男性は29・3%であるのに対して、非正規雇用者ではたったの5.6%しかいません。さらに、「交際経験なし」という30歳代でありながら、人生で一度も恋愛経験がない男性は非正規では36・9%という数字になっています。定職をもっているかいないかが、恋愛できるかできないかの分かれ目であるのです。

図9-3は同じく30歳代男性のデータですが、こちらは年収別の婚姻・交際状況です。年収の多寡が恋愛や結婚に重大な影響を与えていることがわかります。年収が上昇するとともに、恋愛経験の有無、恋人の有無、既婚・未婚の比率にも実にきれいな相関関係がみてとれます。

なお、厚生労働省の「21世紀成年者縦

図9-3　30歳代男性の年収別婚姻・交際状況

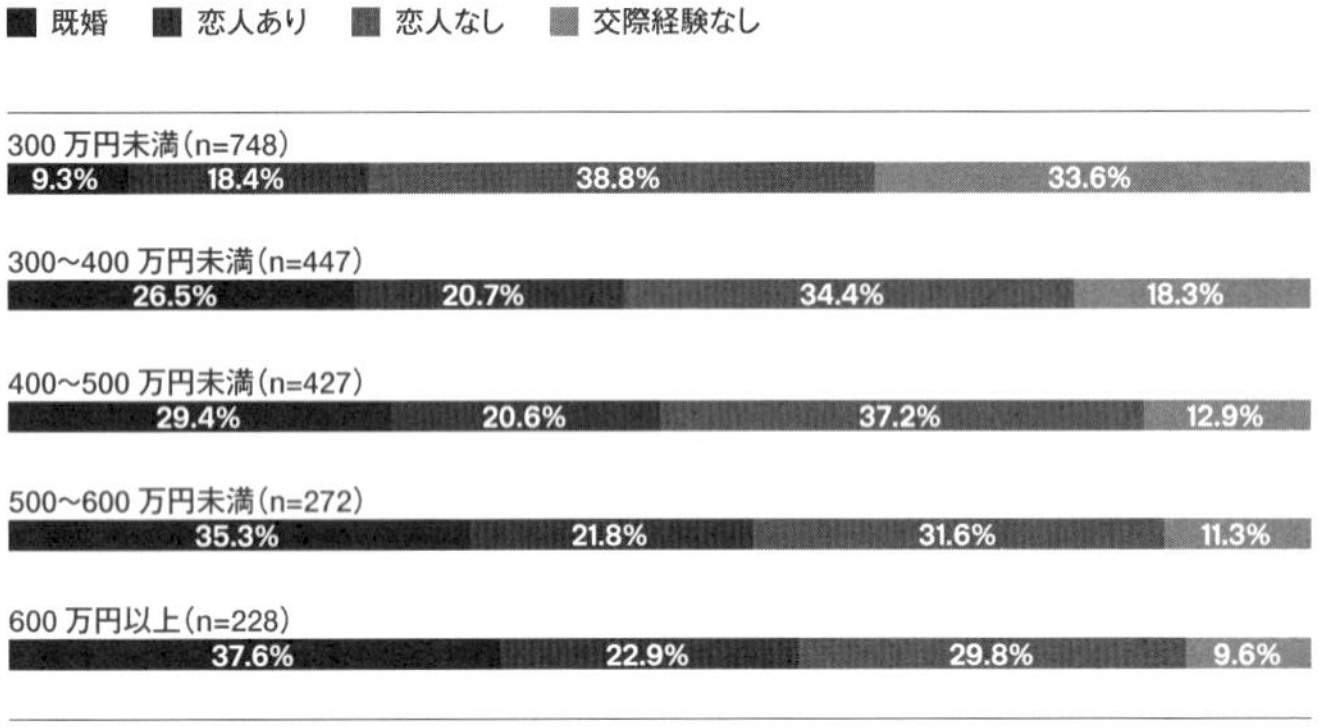

※2010年9〜10月に実施された20〜30代の未婚男女及び結婚3年以内の男女、計10,000人を対象としたインターネット調査(登録モニター対象)による。
資料：内閣府「結婚・家族形成に関する意識調査」,「社会実情データ図録」

断調査」(35歳未満の男女約1万6000人を毎年追跡調査したもの)において、非正規雇用者の結婚について調査を行っていますが、**女性の場合には、正規・非正規の違いが結婚に影響することはほとんどない**ことがわかっています。

これらを総合すると、恋愛経験の有無、結婚・未婚の状況、ひいては少子化の原因は、男性側の年収の多寡であることがわかります。つまり、男性が女性を結婚相手に選ぶときには、所得の高低は問題とされないが、女性が男性をみる場合には、正規雇用者か非正規雇用者か、収入が高いか低いかといった社会的条件が、結婚できるかどうかの重要な指標となっているということになります。

結婚の最大の目的の一つが子どもをつくることである以上、少なくとも、女性が妊娠し出産する間は、男性の所得に依存しなければなりません。ですから女性が、経済的資源を安定的に母子に提供してくれる男性を結婚相手に求めるのは、遺伝子レベルでの欲求といえるでしょうし、男性がそれに応えるためには、子どもをもうけるための最低限の所得を得ていることと、それが安定的に得られる見通しが持てることが、結婚のための必要条件のようです。

マスコミのなかで間違ったとらえかたをされているのを散見しますが、最近の若い男性が恋愛をしたがらなくなったのでは決してありません。恋愛感情は生来的な感情ですので、恋愛感情をいだく回数が減少しているわけではありません。正しい解釈は、男性側の経済的な状況から、恋愛をさせてもらえなくなったということです。

④ 女性のベースライン思考

私は進化政治学の立場から恋愛の科学的研究である「恋愛学」を提唱し、早稲田大学では「恋愛学入門」という講座を教えています。恋愛学を研究する途上で「**ベースライン思考**」という言葉を使い、結婚の難しさを女性側の心理から分析しています。

ベースラインとは、女性が自分を最低ラインとして考え、恋人にはそれ以上の資質であることを望む傾向があることを指しています。

近年、3高（高学歴、高収入、高身長）になる女性が増えてきています。たとえば学歴ですが、戦後まもない頃は女性が大学に進学することは滅多にない出来事でしたが、現在では、短期大学への進学率（15％）を加えると女性の約半数が大学に進学しています。

学歴が上がれば、1986年施行の男女雇用機会均等法を背景として、大学を卒業して社会人になったあとも、男性と変わらない給料や昇進をすることも可能となりました。高収入を得る女性が増えたということです。

もし女性側が男性に同程度の成功を求めないならば、何ら問題はありません。たとえば男性がフリーターでも性格がよければ大丈夫とか、高校中退でも愛し合っていれば大丈夫と思うのであれば問題ないのですが、そう思う女性は少数派のようです（男性の側も3高の女性を敬遠しないという前提で述べていますが、実際には磁石の同極のようにお互いが避け合ってしまうようです）。

むしろ、女性の場合は、自分を最低ラインとしてみて、高学歴ならば高学歴の男性を、収入も自分と同じかそれ以上を望む比率が圧倒的に多いことがわかっています。しかしながら、学歴的に成功し、仕事でも成功している女性が、男性が求める恋人や配偶者としての資質を満たしているのかといえば、必ずしもそういうことにはなりません。もちろん満たしている女性もいますが、満たしていない人も多い。したがって、3高の女性が求める男性と、男性側が求める女性像の間に齟齬をきたしていることになります。端的にいえば、3高である女性がモテる女性ではないのです。

そのために、社会的に成功した女性は男性に対する要求水準が上がって、マッチングがスムーズに行われていないという現実があり、この問題も婚姻率の減少に寄与する一因になっているようです。

解決策はあるのか？

このように、若者が結婚しない・できない理由の主なものを4つ取り上げました。解決策はあるのでしょうか？

少子化問題が恋愛問題に根ざしている以上、解決策は若者の恋愛・結婚に関する処方箋であり、政治家や官僚が最も不得手とするものです。保守的な集団である官僚組織は、若者の恋愛状況についてあれこれ見解を出して、間違っていたなどとは批判されたくないでしょうし、政治家としても、恋愛についてあれこれいったところで票に結びつくわけではありませんので、有効な解決策をみつける意志もみえません。

それでも、少子化対策として、育児手当など有配偶者出生率を高める方向の政策のみが論議されるのは、そのほうが国民にわかりやすい形で予算を差配することができるからです。さらに、国会議員としては、投票率の低い未婚の人たちに予算を手当するよりも、より投票率の高い既婚者夫婦に手当するほうが、自分たちの利益を考えると、より合理的判断となるのです。というわけで、少子化対策は既婚者への予算措置となりますが、この点に関しても、政府は有効な手立てを見つけるには至っていないようです。

内閣府は「少子化社会白書」を毎年発行していますが、そのなかに少子化に関する予算の記述があります。予算として約1兆5000億円を計上しています。総予算のうち、とくに支出が大きいのが、「育児休業制度等についての取組を推進する」、「就学前の児童の教育・保育を充実する」、「とくに支援を必要とする家庭の子育て支援を推進する」、「奨学金の充実を図る」です。

最初の2つは比較的年齢の若い夫婦のための支援で理解できなくはないですが、3つめは、父子家庭や母子家庭を含む対策なので少子化問題とは直接関係がありませんし、4つめの「奨学金の充実を図る」に至っては、ほんとうにまじめに少子化問題を考えているのかというほどトンチンカンな政策です。

このように、内閣府の政策をみても解決策があるとは思えません。少子化問題の根源は「恋愛・結婚にあり」というふうに考えないと、いつまでたっても解決できないと私は思います。ただ、根源的問題がわかったからといって容易に解決できるものではありません。

みなさんのレベルではミクロの個人の問題がマクロの問題となり、日本が国家として存続してゆくために必要な人的資源を確保できなくなるといった、政治・経済・社会の分野にまで影響を与える問題となっていますが、前述のような子どもを持つインセンティブの減少、お見合い制度の減少、男性の非正規雇用者の増大、女性のベースライン思考、どれをとっても難しい問題で、解決策をみつけることができません。今後もさらに子どもを持つ意義は薄れてくるでしょうし、お見合い制度が復活するとも思えません。非正規雇用者率はさらに高くなることが予想されます。女性に自分をベースに考えるなと声高にいっても、おいそれと直るものでもありません。

そこで少子高齢化問題の解決策の一つとして、外国人就労者受け入れについて考える必要があります。欧米諸国では少子化による国力の衰退を、海外から就労者を受け入れることによって解決しようとしています。わが国も、いずれこのことを真剣に考えなければならないときがくるでしょう。現在までのところ、外国人登録者数は200万人程度で、他の先進国と比較すると少ないですが、少子化が深刻になるにつれて増加させる方針がとられるかもしれません。

若い世代のみなさんこそが考えてみる必要があります。欧米諸国で生じているように、文化や言語の違いによる摩擦、人種間での経済格差など、日本人と外国人就労者とが融合してゆく過程では不可避の問題も考慮に入れなければなりません。

外国人をどの程度、どこから受け入れるのか、なんらかの制限をもうけるのか否か、そもそも日本国における適正人口は何人なのか等々の点について真剣に検討すべきときが、目前に迫っています。

最後に遺伝子レベルの話です。私たちホモサピエンスは、有性生殖であり、自分の遺伝子を次代に残したいという欲求を根源的に持っています。ホモサピエンスが誕生したのは二十数万年前のアフリカにおいてですが、それ以降、ずっと遺伝子のバトンタッチをしてきました。誰に強要されたわけではなく、自主的に子どもをもうけてきたのです。子どもをもちたい、子どもをもった瞬間が人生で最大の幸福であるように遺伝的にプログラムされているので、その事実を再確認できれば、自ずと子どもを持つようになるはずです。

残念ながら、配偶者や子どもを持つことの意義を失いかけている時代ですが、多くの男女が未婚のままさらに年をとり、彼ら彼女らの両親が亡くなり、最終的には子どもに看取られることなく死んでゆく人々が大量に出るに及んで、マスコミを通じ、子どもを持つことの意義が再確認されるであろうと予測されますが、そのときにはやや遅きに失した感があります。

まとめ

第9章 少子高齢化問題

1 現在のわが国の出生率は1.3程度である。

2 世界で最も少子高齢化が進んでいるのが日本である。

3 このままのペースで少子化が進むと、1000年後には日本人はゼロになる。

4 少子化の原因は、若者が結婚しないことによる。

5

結婚しない・できない理由の主なものは、
①結婚後のみに得られるものの減少、
②お見合い制度の衰退、
③若者の収入の減少と非正規雇用者の増大、
④社会進出した女性がベースライン思考に陥るため、である。

6

政府の少子化対策は既婚者向けであるために、まったくの的外れである。

7

外国人労働者をどの程度受け入れるべきかの議論を活発に行うべきである。

第10章 経済問題

「経済」と「政治」の関係

経済問題は政治と密接に関連しています。経済の浮き沈みが政治（とくに選挙）に直接的に影響を与えるからです。

景気が良いと、消費活動も活発になり税収もアップします。その反対に景気が悪いと、消費は冷え込み、税収が減り、財政赤字が膨らんでゆきます。景気が良ければ、与党には追い風、次の選挙で当選する可能性が高くなりますが、その反対に景気が落ち込むと、野党にやらせてみるかというふうに有権者は考えるようになりますので、経済問題は政治家にとっては最も重要な政治課題ということになります。

このように、経済問題と政治とは関わりが深いので、国会議員もしっかり政策をとっているものなのですが、残念ながら、わが国の経済状況は年々悪くなっていきますし、未来も悲観的にならざるをえない状況です。

どこがどう悪くなってしまったのか？ どうして悲観的にならざるをえないのか？

短期的に経済状況をみるのではなく、長期的なマクロの立場から日本経済をみることによって構造上の問題を考え、わが国の経済政策はどのようにしたらよいのかに答えを出してもらうのがこの章の目的です。

わが国の経済成長の推移

まずは、図10－1をみていただきます。図10－1は1956年度～2010年度のわが国の経済成長率の推移を表したものです。図にある通り、戦後の経済は、大きく3つのステージに分類できます。このように3つに分類することで、各々のステージでどんな条件が整っていたのか、あるいは欠如していたのかが明確になります。

第1ステージは、1956年度～1973年度までの高度経済成長期で、経済成長率は、平均すると9.1％でした。第2ステージは1974年度から1990年度までで、経済成長率は半分以下に落ちて、平均で4.2％になっています。3つめのステージはバブル経済が崩壊した

図 10-1　日本の経済成長の推移

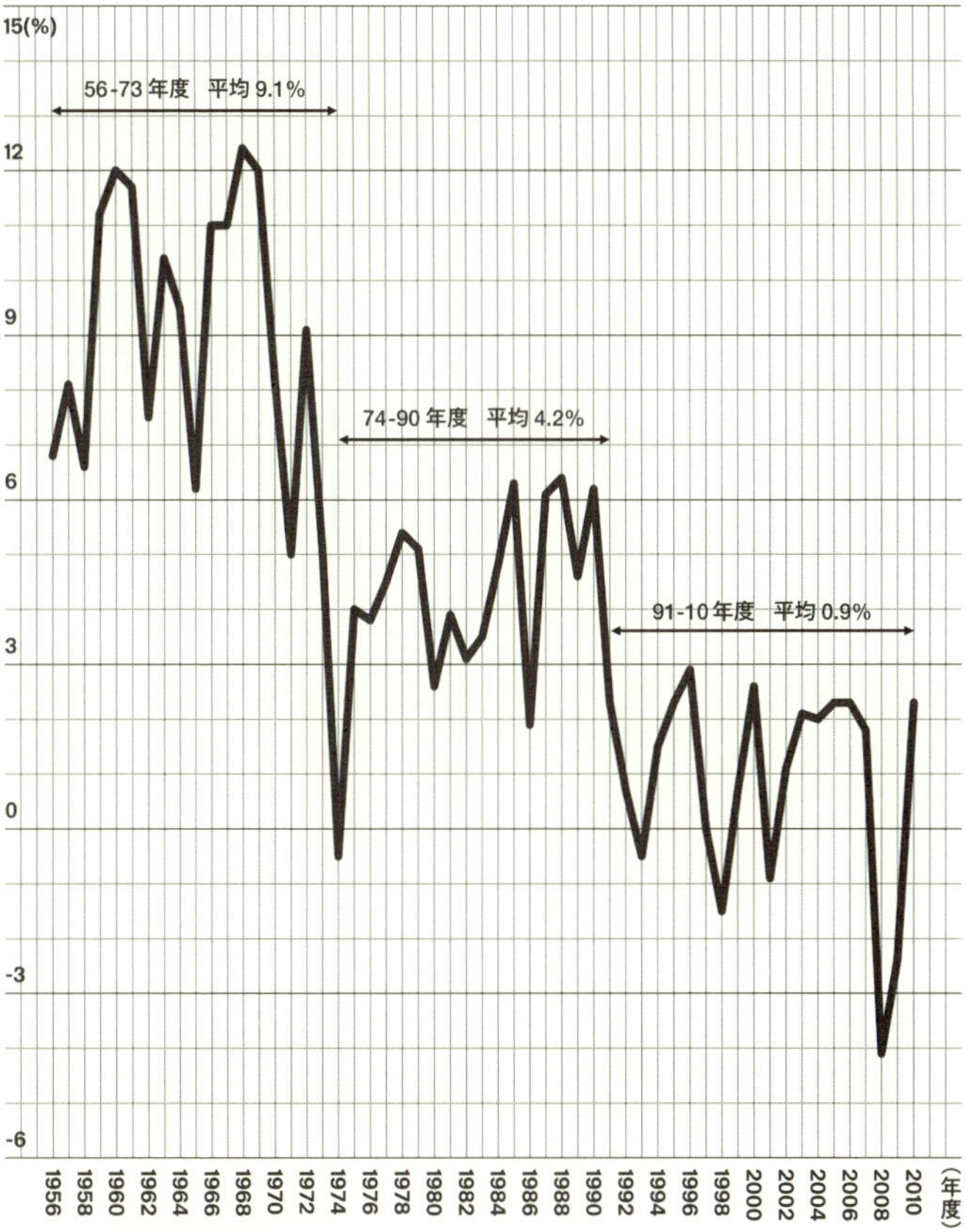

※年度ベース。93SNA 連鎖方式推計
(80 年度以前は 63SNA ベース「平成 12 年版国民経済計算年報」)。
2011年 4-6 月期・1 次速報(2011 年 8 月 15 日)。平均は各年度数値の単純平均。
資料：「内閣府 SNA サイト」,「社会実情データ図録」

１９９１年度から現在までで、平均すると約0.9％の経済成長率です。

こうして推移をみてみると、いかにひどいものであるかがわかるでしょう。びっくりするくらいに右肩下がりの状況です。さきほど、将来も悲観的になってしまうと述べましたが、経済成長率という観点からすると、日本経済、悪化の一途をたどっています。

どうして日本の経済成長はここまで落ち込んでしまったのでしょうか？　理由を探るためには、第１ステージと第２ステージの成功、及び第３ステージでは成長率低下の要因を検討しなければなりません。

①第１ステージ（１９５６年度～７３年度）

この期間に高度成長が可能だったのは、「20世紀型成長モデル」を踏襲できたためです。

わが国は、ご存じの通り、天然資源に恵まれません。産業にとって不可欠なエネルギーの自給率はたったの４％であることは、第７章で学んだ通りです。またモノ作りに必要な天然資源も極めて少ないので、日本は戦後、天然資源を輸入して、製造業に従事する人たちが加工して付加価値をつけ、製品として国内外に販売する、という形をとってきました。

これを「**20世紀型成長モデル**」といいます。基本型は天然資源の輸入↓加工↓製品の輸出です。

このモデルを可能にした主な条件が3つあります。3つとは

(1) 教育水準が高くて、勤勉な労働力の存在
(2) 超円安
(3) 政治的、社会的環境の良さ

です。各々、説明してゆきます。

一つめは、日本人の教育水準の高さです。1959年当時の文部省「わが国の教育水準」では「わが国が明治以降、近代科学・技術を導入し、限られた自然資源を開発し、工業化への努力を急速に推し進めた結果であるが、それは教育の画期的な普及によって、はじめて可能となったものというべきである。(中略) 教育に対する明治以降の努力のたまものである」と書かれていますが、確かに、天然資源に恵まれないわが国にとって、人的資源の優秀さで先進国に追いついていったことは明らかです。

また当時の政府も、個々の家庭も、教育への投資には熱心で、1950年代後半では、国と地方を合わせた公教育費、及び各家庭が投資する私的な教育費を合わせた「国民所得に占め

る教育費」率は5.9％で、先進国のなかでも米国の5.1％、英国の4.8％、フランスの3.4％よりも多かったのです。[4]ですから、賃金がそれほど高くない状況で労働力の高さは秀でていたわけです。

2つめは、**固定相場制**の維持による超円安です。戦後から1971年までは、**ブレトンウッズ体制**のもと固定相場制を採用して、**1ドル＝360円**で固定されていました。そのために、輸出には好都合でした。たとえば、日本国内において100万円で作った製品も、当時のドル換算にすると2778ドルにしかなりません。現在のように1ドル＝80円で換算すると、12500ドルにもなってしまいますので、価値が同じ製品なのに、固定相場制下のレートと現在のおおよそのレートでの差が1万ドル近くもあるということは、輸出産業にとって超円安の恩恵は非常に大きかったといえます。

また、**1973年の第1次石油危機**までは、原油やその他の天然資源も安く手に入っていましたので、安価な天然資源を輸入して、加工し付加価値をつけて、1ドル＝360円という現在では夢のような為替レートで輸出をしていたという時代だったのです。

3つめの条件は政治的、社会的環境要因です。なにしろ、政治的に安定していました。自民

4　文部省（昭和34年）「わが国の教育水準」第58表より。

党と日本社会党が2大政党として存在する55年体制では、自民党が1993年までは途切れることなくずっと政権を担当していました。ねじれ国会で法案が通らないということもありませんでしたし、総理大臣が1年ごとに替わるということもありませんでしたので、政治的に安定していた時代だったのです。

さらに、**1951年には日米安保条約が締結**され、米国の核の傘に守られ、在日米軍基地を提供し、**防衛費をGDP 1%未満に抑え**つつも、隣国からの脅威を最小限にとどめ、経済分野に集中することも可能でした。そもそもソ連と中国が社会主義圏を形成して、米国と対抗している時代でしたから、東アジアの防波堤として日本を富ませることが米国の意志でもあったので、日本の自動車産業などは、解放的な米国市場に参入し、発展することが可能だったのです。

② 第2ステージ（1974年度〜90年度）

第2ステージは、第1ステージとはいくつかの条件で異なってきます。1971年のニクソンショック、固定相場制から**変動相場制**への移行、1973年の第1次石油危機、1979年の第2次石油危機を経て、第1ステージで日本の発展に寄与してきた要因が崩れてゆきました。１９７１年に変動相場制に移行するとそれまでの超円安のメリットを享受できなくなり、モノを輸出するにしても、より高いものになりました。それでも、１９７４年度〜９０年度を平均して4.2％の経済成長率を達成できたことは、まずまずの時代だったのかもしれません。

ただし、**１９８５年のプラザ合意**により、先進国はさらなる円高を誘導することとなり、ますます円安メリットが減ってゆきました。当時の大蔵省は、円高によって輸出産業が打撃を受けることを恐れるあまり、国内需要を拡大するためにプライムレートを極端に（2.5％に）引き下げた結果、未曾有の**バブル経済**を経験することになり、不動産バブル、株式バブルを背景に、日本中が狂乱の時代となってしまいました。当然、バブル期には民間企業の業績が上がり、給与も上昇しました。

したがって、第１ステージと異なる点は、引き続き勤勉で優秀な労働力ではありますが、労働賃金の上昇によって、第１ステージより魅力が減少したということがあります。また円安のメリットが激減するとともに天然資源の価格の上昇によって、輸出が難しくなりつつある時代でした。ただ、３つめの条件である、安定的な国内の政治環境は整っていましたし、米国との貿易摩擦はあったにしても、引き続き日米安保条約を堅持し友好的な同盟関係であることには変わりのない時代ではありました。

③ **第3ステージ（1991年度～現在）**

第3ステージでは、第1ステージでの成功の条件のほぼすべてが崩壊してゆく時代だったといえます。そして現在も混迷のまっただ中です。

1980年代後半から始まったバブルは1991年に崩壊し、負の遺産やツケを現在でも支払っている状況です。**1989年のベルリンの壁の崩壊を象徴とした東西冷戦の終焉**は1993年にソ連が崩壊することで決定的なものとなり、日米の軍事同盟の重要性が薄れた状況になってきています。

さらに、ゆとり教育による人材の劣化、本格的な少子高齢化の到来と財政赤字、55年体制の崩壊、**BRICs**（ブラジル、ロシア、インド、中国といった資源大国）の台頭、グローバル化、**リーマンショック**、東日本大震災によるエネルギー問題等が噴出して、1991年から現在までの平均経済成長率は1％未満となってしまいました。それぞれ一過性の問題のようにみえますが、お互いが複雑にからみあった根深い問題ばかりです。

とくに、人材の劣化は忌々しき問題です。「**ゆとり教育**」が、日教組の提起に端を発して導入されたのは小学校では1980年度から2010年度、中学校では、1981年度から2011年度までで、それまでの教育内容と授業日数を減らすことによって、「ゆとり」と経験重視型の教育を行おうとしました。しかしながら、グローバル化を踏まえると、国の方向を完全に誤らせた教育政策だったといえるでしょう。

なぜならグローバル化を前提とすれば、これからは人材も国際競争をしなければならない時代です。日本人同士の競争よりも、中国人や韓国人といったアジア人との競争、さらには米国人や欧州人との競争をしなければならない時代なのです。それにもかかわらず、競争はさせない、教育内容と授業日数は減らすはで、時代に逆行してきました。

その結果がPISAの学力ランキングに表われています。PISAとはOECD諸国の子どもの学習到達度を測定する試験の調査のことで、2000年から3年ごとに行われています。結果は図10-2に示した通りです。図にある通り、数学的リテラシーの落ち込みは激しく、2000年では世界第1位でしたが、その後、6位、10位、9位と落ちています。

読者のみなさんの回りにいるアジア人や西洋人をみても

図 10-2　主要国中における日本の子どもの学力ランキング

	2000	2003	2006	2009
読解力	8位	14位	15位	8位
数学的リテラシー	1位	6位	10位	9位
科学的リテラシー	2位	1位	1位	5位

出典　PISA

わかるように、日本人が優秀で勤勉であったというのは、今は昔の話、現在では決してそんなことはありません。むしろ、高い労働賃金からすると、日本人を雇用するメリットは少なくなっているようです。

日本企業の「4重苦」

昨今の経済状況を踏まえて、現在では企業は「4重苦」とも「6重苦」ともいわれるように、多くの課題をかかえています。日本企業がかかえる大きな苦しみをまとめると次の4つに集約されます。

(1) 自由貿易協定への対応の遅れ
(2) 歴史的な円高
(3) 電力問題
(4) 高い法人税率

一つずつみてゆきましょう。

①自由貿易協定への対応の遅れ

自由貿易は**WTO（世界貿易機構）**という国際機関で討議されてきました。1995年1月からWTOになりましたが、その前はGATT（関税および貿易に関する一般協定）と呼ばれていた機関です。現在、WTOの加盟国は150ヶ国を超えていて、**ドーハラウンド**と呼ばれる貿易交渉を行っている最中です。

世界中の150ヶ国以上の国々が討議に参加するので、合意に至るまでには時間がかかっています。しかし、グローバル化のトレンドを踏まえると、自由貿易を速やかに拡大したいと願う先進国は多いです。そこで二国間なり地域間で自由貿易を促進しようとする動きが活発です。わが国は二国間の自由貿易協定を13ヶ国・地域と締結しています。

TPP（*Trans-Pacific Partnership*、環太平洋戦略的経済連携協定）もその動きの一つで、2005年の発足以来、徐々に拡大して現在では、10ヶ国以上が交渉中なのですが、残念ながら日本は拡大交渉会合への参加は許可されず、この協定の動きに対して後手に回ってしまいました。

例外なしの自由貿易になれば、打撃を受けるのは農業従事者であるということで、農業に配慮するあまり、TPPの参加表明が遅れてしまったというわけです。

すでに第8章で検討したように、国際競争力のない農業を保護するのか、国際競争力のある企業の貿易を拡大するのかどうかの判断で、特別利益団体の支持も、前者が農協、後者が経団連となって推進しようとしているので、保守層のなかでも意見が分かれている状況です。少なくとも輸出関連企業は、ＴＰＰ参加はぜひ推進して欲しいと願っていますので、その意味で、ＴＰＰへの参加の遅れは「苦」にカウントされます。

②歴史的な円高

第1ステージ、第2ステージでみてきたように、円高は輸出産業にとって打撃です。とくに昨今の傾向としては、100円を切り、２０１１年10月31日には海外の外国為替市場で円相場が1ドル＝75円32銭をつけ、戦後最高値を更新しました。２０１１年の欧州の財政・金融危機をきっかけに「超円高」になって、今後とも長期化する可能性が高いです。

円高のメリットデメリットについてはすでに学習しましたが、要約すれば、輸入物価を抑えるメリットはありますが、日本の産業をリードする自動車や電機などといった製造業にとっては大きなマイナスのため、雇用や個人消費にも打撃を与えるものです。1ドルが80円を切るというのは、各企業の企業努力だけに任せてこの状況を乗り越えるには限界に近いレートです。

③ 電力問題

エネルギー・電力問題については、すでに第7章において詳しく学びました。脱原発ということは、安定して供給されたエネルギーの一つを放棄するということで、当然、電気料金等のコストが脱原発前よりも高くなるということです。産業界にとっては打撃なのですが、電力料金が上がるとしても、「脱原発」というリターンを獲得するためのコストと納得できるかどうかが、ポイントとなります。

④ 高い法人税率

経済問題の一つとして、4つめに、わが国の税収構造について考えていただきます。図10−3は、日本と、米国、欧州（英仏独）3ヶ国の税収構造の比較です。

このグラフからもおわかりのように、税金には、主なものに、利潤を生んだ企業に対して課せられる「**法人税**」、私たちが財やサービスを消費したときに課せられる「**消費税**」、稼いだお金に対して課せられる「**所得税**」、そしてすでに持っている不動産等の財産に対して課せられる「**資産税**」の4つがあります。

図 10-3　税収構造の国際比較

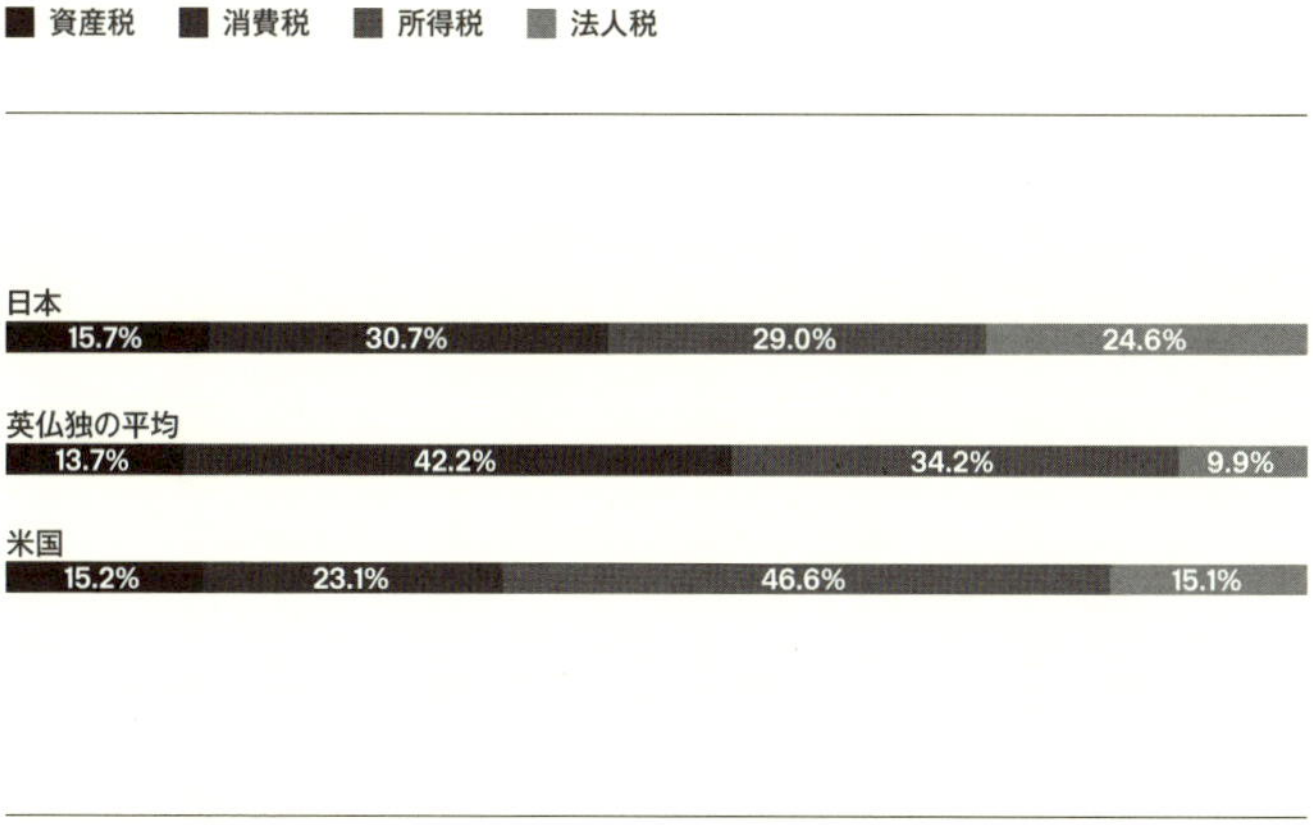

出典：日経ビジネス　2008年

ただ、日本も、英仏独3ヶ国の平均も、米国も、資産税の比率はほぼ同じなので、残りの3つのタイプの税金をどう比率配分するかが問題となるのですが、グラフをみる限り、**日本の税収の特徴は、税収に占める法人税の割合がやたらに高くて**（24・6％）、**所得税が低い**（29％）**ことです。**企業の儲けに対しては厳しく取り立て、個人所得に対しては少なく、ということになっています。

一見、理想的な徴収になっているようですが、日本経済としては、大きな問題をかかえています。なぜなら日本の法人税率は約40％で、先進国で最も高い税率になっているからです。他の先進国も40％くらいだったのですが、1990年代から値下げ競争のようになっていって、ほとんどの国が30％くらいまで引き下げてしまいました。

引き下げれば、売る商品も安くなりますので、企業の国際競争力は増しますし、他国から企業や投資を呼び込むことも可能になります。法人税が高いと、より税率の低い国に会社を移して生き延びようとします。

このままでは、日本から日本企業がどんどん逃げていってしまう。企業が日本から海外に移れば、仕事も、日本からはなくなっていきます。近年の日本の産業の空洞化は、この高い法人税によるところが大きいのです。

というわけで、企業側の論理からみれば、日本の法人税は、下げるべきではあります。せめて欧米並みの30％くらいに下げて、図10-3にある税収に占める割合を10～15％くらいに収めたいものです。そうすれば、その分だけ日本から仕事が逃げていかないのですから、私たちの雇用という面でメリットがあります。

問題は、法人税を下げる分、どの税を増やすか、です。当然、所得税や消費税はどうかという議論になります。しかし、所得税も消費税も、引き上げたら反対する人がたくさんいます。

しかし、このまま法人税率を40％に据え置いたら、じり貧ではないでしょうか？　徐々にですが、わが国は衰退していっています。私たちは、先進国間の国際競争に負けて日本の国力が弱まっている現状を、静かに見守るしかないのでしょうか。ぜひ、この税収構造の問題も考えてみて下さい。国の根幹に関わる重要な問題の一つです。

まとめ

第10章　経済問題

1

日本の経済問題は、エネルギー問題、食料問題、財政赤字問題、政治問題等と複雑に絡み合っている問題である。

2

バブル経済がはじけた1991年以降、日本の経済成長はほぼ止まっている。

3

20世紀型成長モデルが機能していない。
20世紀モデルに代わるモデルが構築されていないので、日本経済はじり貧を続けてゆく可能性が高い。

4

「ゆとり教育」によって、日本人の人的資源は劣化した。
劣化によって人材の国際競争力が減退した。

5

TPP参加問題は、企業側の論理をとるか農業側の論理をとるかの問題であるが、農業の自由化は不可避であることを踏まえると、積極的に推進すべきである。

6

わが国の法人税は世界基準に比べて高いため、日本の製造業は海外に拠点を移している。

7

ただし、法人税を下げると、所得税や消費税を引き上げる必要が出てくる。

第３部　地球規模の問題と日本

第11章

「囚人のジレンマ」と国際問題

第1部の日本政治の仕組み、第2部の日本がかかえる諸問題に続き、第3部では「地球規模の問題と日本」と称して国際問題と日本の関わりについて解説します。

現在、世界には200ヶ国近くありますが、日本はそのなかの重要な国の一つです。世界の動きは日本に影響を与えますし、日本の動きも世界に波及してゆきます。ですから、『生き延びるための政治学』としては、世界の諸問題についても知っておくべきです。

国際問題といっても決して難しいものではありません。問題は無限に存在するわけではありませんし、あったとしても日本人が全部に精通する必要もありません。日本にとって重要なものだけを学べば良いわけです。

囚人のジレンマ

まず政治学者のみならず、あらゆる科学者が全力をあげて取り組んできた「**囚人のジレンマ**」というゲームについて知っていただきます。いまだ解決できていないジレンマで、この問題が解ければ、ノーベル賞ものです。

構造自体は難しいものではありませんが、解決方法は難しいです。ですから、地球規模の諸問題、たとえば、地球環境問題とか核拡散とか人口増加とか貧困問題が存在しているのです。「囚人のジレンマ」を解決する方法がみつかれば、世界は劇的に良くなるといえるでしょう。

「囚人のジレンマ」とは、以下のような状況を想定しています。銀行強盗をした罪で2人が警察に逮捕されました。検事（警察官）は2人を別々の取調室に入れて、次のようにいいます。2人がどのくらいの刑期になるかは検察（警察）に協力的であるかどうかで変わってくるとしたうえで、刑期は次のように決定されます。

(1) もしあなたが自白して、相棒が自白しなかったら、あなたは無罪放免になる。
ただし、その場合、相棒は20年の懲役となる。

(2) もしあなたが黙秘して、相棒が自白したら、相棒は無罪放免、

(3) もし両者とも黙秘したら、2人とも1年ずつの懲役となる。

(4) もし両者とも自白したら、2人とも5年の懲役となる。

さて、この場合、自白すべきなのか？　それとも黙秘すべきなのか？　これを2人の「**囚人のジレンマ**」といいます。「囚人のジレンマ」というゲームは、図11-1のような2×2のマトリックスで表すことも可能です。

図11-1　2人の「囚人のジレンマ」

		相棒の選択	
		黙秘	自白
あなたの選択	黙秘	(-1、-1)	(-20、0)
	自白	(0、-20)	(-5、-5)

自白か黙秘かを詳細に考えてみましょう。自分にとって最も好ましい状況は自分だけが自白して無罪放免になることです。もちろん、あなたの相棒も同じことを考えるでしょうから、2人とも自白することになり、5年ずつの刑期となります。2人にとって最高の状態は両者が黙秘して1年の刑期で終わることですが、相手に裏切られた場合には20年の刑期となってしまいますので、とりあえず自白しておいた方が無難です。ですから、このような状況では、「両者とも自白する」が自然な成り行きになります。5年ずつの刑期は「**均衡点**」と呼べるかもしれません。

軍拡競争と囚人のジレンマ

実際の政治問題にも、右記の囚人のジレンマと類似した状況は限りなく存在するのですが、最も頻繁に比較される政治問題の一つとして「**軍拡競争 arms race**」があります。

図11-2は、インドとパキスタンという仲が良くない隣国同士が軍拡競争に陥っている論理を囚人のジレンマから説明しています。図中の数字は1が最悪、2が2番目に最悪、3がまずまずの状況、4が最高の状況を表しています。数字が大きければ大きいほどよいと解釈して下さい。

カシミールやジャンムといった領土問題等をかかえるインド、パキスタン両国はお互いを嫌っています。そのような状況のなかで、軍備を増強するのか、軍縮をするのかとの二者択一の選択肢があるとき、最も好ましい状況は自分が武器を保持して、相手が武器を保有しない状況です。その反対に自国が武器を持たず、敵対する相手が軍備を増強している状況は最悪と考えられます。したがって、インドにとっては左下、パキスタンにとっては右上の状況が最高であり、その反対にインドにとっては右上が、パキスタンにとっては左下が最悪です。

図 11-2 インドとパキスタンの軍拡競争

		パキスタン	
		軍縮	軍備増強
インド	軍縮	(3、3)	(1、4)
	軍備増強	(4、1)	(2、2)

両国にとって、本来なら左上の軍縮が**パレート最適**です。[1]お互いが軍縮してゆき、核兵器を破棄することができれば平和ではあります。しかし、インドとパキスタンにとっては両国が軍縮をすること（左上のセル）が最高ではありません。現実問題としてお互いを好ましく思っていない状況がある以上、自分が相手より優れた武器を保持して、相手が保持しない状況の方が、両国ともに保持しない左上のセルより好ましいのです。（これが外交というものです。）

というわけで、両者ともに軍備を増強すると、現実的には、右下のセルの「両国とも軍拡する」という状況が生まれてしまいます。通常兵器にとどまらず、インドは1974年、パキスタンは1998年に、核兵器さえも保有することになりました。

1 「パレート最適」とは経済学用語で、ある状況において「誰かの効用（満足）を犠牲にしなければ、もう一方の効用を上げられない状態」を指す。

核兵器の保有

軍拡競争はいたるところで生じている問題です。最も良く知られた軍拡競争は、東西冷戦時代のアメリカとソビエト連邦（ソ連）との間に行われたものです。通常兵器のみならず、核兵器の保有にまで及び、人類を何十回も殺戮させるほどの数の核兵器を保有していました。そのために、**1962年のキューバ危機**のときは核戦争も視野に入った対立でしたが、アメリカのケネディ大統領とソ連のフルシチョフ書記長の間で回避することができました。

図11-3にあるように、現在でも8ヶ国以上の国が核兵器を保有していることが知られています。[2] 1945年のアメリカに始まり、ソ連が1949年、その後イギリス、フランス、中国と続き、インドとパキスタンについては既習の通りです。イスラエルは核保有を認めていないものの、保有していることは常識と考えられています。

日本では毎年8月5日と9日に平和と核廃絶を祈願して広島と長崎で行事が行われていますが、世界のすう勢は、残念ながら核廃絶とは逆方向です。北朝鮮やイランが核兵器を保有する努力をしています。日本も核兵器を開発しようとすれば、数ヶ月で保有できる技術は持っ

2　核拡散は「チキンゲーム」とする学者がいることは承知しているが、拡散状況を考えると「囚人のジレンマ」とすべきであると考える。

図 11-3　核兵器保有国一覧

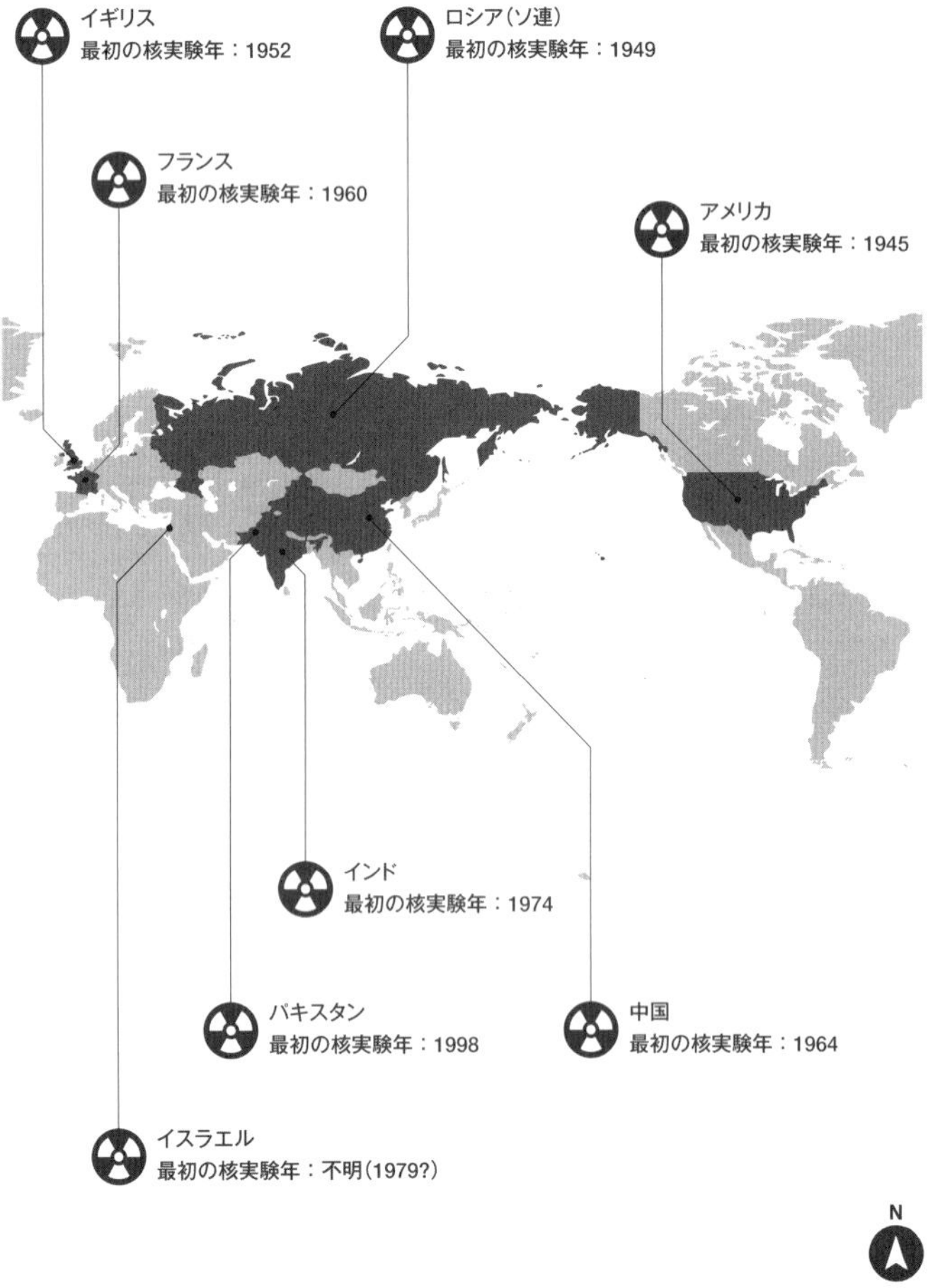
イギリス
最初の核実験年：1952
ロシア(ソ連)
最初の核実験年：1949
フランス
最初の核実験年：1960
アメリカ
最初の核実験年：1945
インド
最初の核実験年：1974
パキスタン
最初の核実験年：1998
中国
最初の核実験年：1964
イスラエル
最初の核実験年：不明(1979?)
N

ています。国是として持たないということなのでしょう。

核兵器の保有国が増えることを**核拡散**（**nuclear proliferation**）といいます。**核拡散防止条約**という条約がありますが、1967年1月1日時点で、すでに核兵器を保有していた米英仏露中の5ヶ国は核兵器を保有しても良いが、その他の国は保有することを禁止する条約です。条約締結国は190ヶ国にのぼりますが、図11-3の5ヶ国以外のインド、パキスタン、イスラエル等は、この条約は不平等だとして、参加していません。

確かに、なんとも不平等な条約で、先に核兵器を持っている国は保有していても良いが、後から核兵器を持つ国はけしからんでは、常識からして通用しないものですが、日本も条約の批准国になっています。なんでこんな不平等条約に批准してしまったのですかね。理解に苦しむところです。

N人の囚人のジレンマ

前述の2人バージョンの囚人のジレンマは、2人からさらに人数を増やしていわゆる「**N人の囚人のジレンマ**」という形にすることも可能です。3人にすることも、100人にすることも、1億人にすることも、70億人といったように地球上のすべての人間に当てはめることも

表11-1　N人の囚人のジレンマの例

"A"と書いた人の割合	"A"と書いた場合の現金	"B"と書いた場合の現金
100%	+500万円	
90%~99%	+400万円	+800万円
80%~89%	+300万円	+700万円
70%~79%	+200万円	+600万円
60%~69%	+100万円	+500万円
50%~59%	0円	+400万円
40%~49%	−100万円	+300万円
30%~39%	−200万円	+200万円
20%~29%	−300万円	+100万円
10%~19%	−400万円	0円
1%~9%	−500万円	−100万円

できます。

表11-1は、N人の囚人のジレンマの一例です。現実感をもっていただくために再び現金の受け渡しとします。現在、早稲田大学で「国際機関と日本」という授業を教えているのですが、その授業の最初の講義で行っているものです。

授業では学生に対して紙を渡してAと書くかBと書くかを指示します。Aと書いた場合の利得（現金）は真ん中のカラム、Bと書いた場合の利得は右側のカラムとなります。左側のカラムにはAと書いた場合のパーセンテージが書かれています。

表11-1にある通り、すべての学生がAと書けば、すべての学生が500万円ずつもらえるということです。毎年、学生数が100人くらいいますが、まだ一度も全員がAと書いたことはありません。なにしろ、Bと書く方が、利得が高いからです。たとえば、100人いて、99人がA、1人がBと書いた場合には、99人が400万円もらえますが、Bと書いた人は800万円もらえます。倍ですね。

みんなが500万円ずつもらえれば理想です。みんなが平等に同額の現金を獲得できるのです。しかし、「N人の囚人のジレンマ」では、Bと書いて、より多くの現金を得たいというインセンティブが存在します。自分1人だけが多くもらっても良いだろうと思うような構造になっています。表11-1では、仮にクラスの半分がBと書いても、Aと書いた人は何も失いません。Bと書いた人だけが得をします。Bと書いた学生にとっての分岐点はAと書いた学生が10％〜20％未満の場合ですので、ほぼ確実に100万円以上の現金は獲得できるのではと思ってしまうわけです。

全体のために協力したい（Aと書きたい）のは山々だが、他に協力して（Aと書いて）くれる人はどのくらいいるだろうかと考えると、恐怖も感じてしまいます。より多くの現金を得たいという欲望と、裏切られるのではないかという恐怖、この2つが相互作用して、Bと書いてしまうというのがこのN人の囚人のジレンマの心理的罠です。

毎年、この問題をやらせていますが、だいたいAと書く学生とBと書く学生が1対2くらいで落ち着きます。

専門用語では、Aと書く人を「**騙されやすい人　sucker**」といい、Bと書く人を「**ただ乗り free rider**」といいます。

「N人の囚人のジレンマ」の応用＝地球環境問題

大人数の「囚人のジレンマ」は、実際の国際問題の根幹をなす問題です。ほとんどすべての**地球環境問題は、囚人のジレンマと同じ構造**になっています。

一例をあげると、太平洋における漁業も囚人のジレンマと同じです。魚にはいろいろな種類がありますが、たとえばマグロはたいへんおいしい魚です。日本人は刺身にして食しますが、海外ではツナサラダといったように加工します。すべての国が無尽蔵にマグロを漁獲できるシステムになっていたら、マグロは激減してしまいます。マグロは高く売れる魚なので、漁獲に関するルールを作らない限り、枯渇してしまうのは明らかです。

河川の魚、湖の魚も同じ理屈ですし、森林といった資源も同じ理屈で、伐採を無制限に許すとなくなってしまいます。

地球環境問題のほとんどすべては囚人のジレンマと同じ構造と述べましたが、とくに重要な5つの地球規模の環境問題、①地球の温暖化、②酸性雨、③オゾン層の破壊、④砂漠化、⑤生物多様性の減少を知っていただきたいものです。この章では、環境省が取りまとめた「環境白書」などを参考としつつ、解説してゆきます。[3]

①地球の温暖化

地球温暖化の主因は温室効果ガスです。気候変動に関する「京都議定書」が対象とする温室効果ガスは二酸化炭素（CO_2）、メタン（CH_4）、ハイドロフルオロカーボン（HFC）、パーフルオロカーボン（PFC）、六フッ化硫黄（SF_6）、亜酸化窒素（N_2O）の6種類ですが、とくに問題となっているのは二酸化炭素です。[4]

石油や石炭の燃焼によって発生するCO_2は、光を通すが熱は通さないために、増大すると地球から逃げてゆくべき熱が減少し、地球の温度が上昇することになります。本来は森林や海が排出ガスを吸収・消化すべきですが、19世紀の産業革命以来の温室効果ガス発生量の上昇と森林の減少により、ガスが大気中に滞留することになってしまいました。温室効果ガスの濃度は過去50年間に著しく増加したといわれています。

地球の温暖化が促進されると、異常気象や海水面の上昇などの影響があります。環境省の統計では地球規模での海水面の上昇は過去100年間に10〜25cmで、悲観的な統計（「気候変動に関

3　宇都宮大学工学部機械システム工学科、学研、環境省等のサイトを参考にした。
4　「京都議定書」とは１９９７年12月気候変動枠組条約第３回締約国会議（ＣＯＰ３、京都会議）において採択された温室効果ガス排出削減目的を定めたもの。

する政府間パネル」）によると、温暖化に対して適切な措置が講じられないならば、約100年後の2100年には地球の平均気温は現在と比較して「1.4～5.8度上昇、海面水位は約88～90cm上昇する」と予測されています。[5]また近年、途上国のCO_2の排出は先進国を凌ぐ勢いで、緊急対策が必要です。

どの国だって、石油や石炭といった化石燃料を使わずに、環境に優しいエネルギーを使いたいものです。しかし、化石燃料の方が安価ですので、貧困を理由に化石燃料に頼る政策をとってしまうのです。

わが国の場合も、2011年3月の東日本大震災後、脱原発を理由に化石燃料の輸入が増加しました。日本は特別の経験をしたから、エネルギー源として化石燃料は仕方がないと考えていますが、同じような理屈で他国も環境には必ずしも良くないエネルギー源に頼ってしまうものなのです。まさに囚人のジレンマの構造を呈しています。

5　読売新聞「温暖化最大5.8度上昇」。2001年1月22日。

②酸性雨

「大型工場や自動車の排気ガスに含まれる窒素酸化物（NOx）や硫黄酸化物（SOx）は水と化学反応して硫酸や硝酸といった強い酸性の雨」となります。自分だけは自動車に乗っても大丈夫だろうと思いがちですが、個人レベルでは少量のNOxやSOxも、マクロレベルでは酸性雨を引き起こすことになります。

酸性雨は一般的にｐH（水素イオン濃度）5.6以下を含む雨と定義されますが、「①湖沼等の酸性化により底質の有害な金属を溶出させ、魚を死滅させる等の水界生態系への影響、②土壌の酸性化により樹木の成長を妨げ枯死させる等の森林への影響、③酸によって腐食する大理石や金属等で造られた建造物、特に歴史的な遺跡や石像等の被害」を与えています。わが国でも比較的弱い酸性雨が観測されていて、関東では栃木、群馬、埼玉に多く、また山陽地方の広島、岡山などでも多いです。酸性雨は従来先進国特有の問題でしたが、工業化が進行する東南アジアでも観測され始めました。

③ オゾン層の破壊

オゾン層とは、「成層圏内、地表から20～25kmの上空にオゾンが高濃度に存在する層」をいい、「CFC等のオゾン層破壊物質は成層圏まで達し、放出された塩素原子や臭素原子がオゾン層を破壊」します。その結果、オゾン層による紫外線の吸収が減少するため、大気中の有害紫外線が増加することになります。オゾン層破壊は、皮膚がん、白内障等の人体への影響まで及ぼしているといわれています。CFCはカーエアコンや家庭用冷蔵庫などの電気機器に冷媒として使われていました。CFCの規制の効果により、オゾン層の破壊は終わりつつあるとの見方もあります。

④ 砂漠化

砂漠化問題には、「地球規模での大気の循環の変動による乾燥地の移動」という気候的要因もありますが、近年問題となっているのは、人為的要因による砂漠化です。具体的には、過放牧といって、牧草地の再生能力を超えた家畜の放牧や、過耕作という休耕期間の短縮によって地力が低下したり、薪炭材の採取及び森林の伐採などによって、砂漠化が起こります。統計的には「世界各地で毎年60000km²（四国、九州の合計面積に相当）の土地が砂漠化しており、現在も同じ割合で増加し続けている。地域別にみれば、アフリカ大陸と西及び南アジアの砂漠化がきわめて深刻である」といわれています。

砂漠化の根本的原因も、自分だけは少々の家畜を放牧しても良いだろう、少しくらい休耕期間を短くしても良いだろう、森林を伐採しないと生活できない、といった利己的な行動が砂漠化を招いているので囚人のジレンマと同じ仕組みになっています。

⑤ 生物多様性の減少

地球上の生き物は40億年かけて、1000万種に広がったといわれています。科学的に認知されて名前があるのは、約150万種ですが、まだ名前がない未知の生物の種数は、正確にはわかっていませんが、少なくとも1000万種以上です。

しかしながら、現在多くの生物種の絶滅が起きていて、生物多様性条約事務局が2010年に公表した地球規模生物多様性概況では、「過去のどの時代よりもはるかに速い速度で種の絶滅が進行し、生息地が失われ、種の分布と豊かさが変化する」と予測されています。

生態系に影響を与えているのが、森林の伐採で、環境白書（2011年）によれば、1990

年代には世界で毎年約16万km²の森林が失われ、２０００〜２０１０年の間には、毎年、ほぼ北海道、四国、九州を合わせた面積に匹敵する13万km²近くの森林が失われたとしています。地域的には、南アメリカ、アフリカ、南アジア及び東南アジアで減少が顕著となっています。

「囚人のジレンマ」の解決方法

地球環境問題はこの他にも、海洋汚染、有害廃棄物の越境移動等、多々あり、各々解決してゆかなければなりませんが、これらの原因になっているのは、前述したような「囚人のジレンマ」です。

「囚人のジレンマ」が解決できれば、地球環境問題も解決できるということです。したがってこの問題は、政治学者のみならず、経済学者、人類学者、心理学者、生物学者、数学者などによって研究されてきました。現在までのところ、有効な解決策が提示されていません。

現実的に解決する方法として、実際に行っているのは**話し合い**と**合意**といったところです。話し合うことはシンプルではありますが、問題解決の第一歩になります。話し合いで、どのような解決方法があるのか、どの国がどのような問題をかかえているのかに関して情報交換することができます。ただ話し合いはあくまでもお互いの情報を交換するに過ぎないので、解決にはなりません。

話し合いをした後、もし、ルール作り、規制が必要な場合には規制する内容について「**合意**」することができると、「**条約**」になります。条約は国の代表者によって「**署名**」する段階と、署名した条約に国が拘束されることを最終決定する「**批准**」する段階の2つがあります。

表11-2は、主な地球規模の環境問題に関する合意ですが、各々の問題についてたくさんの合意があることがわかります。

話し合いによる合意は、解決策になりそうにみえますが、実は根本的な問題解決にはならない場合も多いです。2つの理由があります。

まず、地球上のすべての国が条約に批准しているわけではないからです。たとえば、京都議定書という気候変動に関する合意がありますが、中国や米国といった二酸化炭素をたくさん排出する国は参加していません。大気には国境がないので、すべての国々が合意する必要があるのです。

第2に、発展途上国のなかには、条約に批准したとしても、実際には実行に移すことが難しい場合も散見されます。国家間の協調行動によってグローバル・ガヴァナンスを構築しえたようにみえても、ガヴァナビィティーの高い先進国と違って、政情不安、官僚制度の脆弱性、

表 11-2　地球規模環境問題への国際的取り組み

地球規模環境問題	国際合意
地球温暖化	「気候変動枠組条約」／1994年発効
オゾン層の破壊	「オゾン層の保護に関するウィーン条約」／1985年採択 「オゾン層を破壊する物質に関するモントリオール議定書」／1987年採択
酸性雨	「長距離越境大気汚染条約」／1983年発効 「ヘルシンキ議定書」（硫黄酸化物）／1985年採択 「ソフィア議定書」（窒素酸化物）／1988年採択
海洋汚染	「海洋法に関する国際連合条約」（通称、国連海洋法条約）／1994年発効 「廃棄物その他の物の投棄による海洋汚染の防止に関する条約」 （通称、ロンドン条約)／1975年発効 「油による汚染に関わる準備、対応及び協力に関する国際条約」 （通称、OPRC条約）／1995年発効
有害廃棄物の越境移動	「有害廃棄物の越境移動及びその処分の規制に関するバーゼル条約」 （通称、バーゼル条約）／1992年発効
生物多様性	「生物多様性条約」／1993年発効 「絶滅のおそれのある野生動植物の種の国際取引に関する条約」 （通称、ワシントン条約）／1975年発効 「特に水鳥の生息地として国際的に重要な湿地に関する条約」 （通称、ラムサール条約）／1975年発効
森林保護	「森林原則声明」／1992年採択 「国際熱帯木材協定」／1994年採択
砂漠化	「深刻な干ばつ又は砂漠化に直面する国（特にアフリカの国）において 砂漠化に対処するための国際連合条約」 （通称、砂漠化防止条約）／1996年発効
南極の環境保護	「南極条約」／1961年採択 「環境保護に関する南極条約議定書」／1991年採択

情報不足、インフラ不足等の問題がある発展途上国では、国際契約に基づいた法規制を国内的に実行することには困難がある場合があります。[6] コンセンサス・ベースの国際条約には自ずと限界があるものです。

地球規模問題と解決策

ここまでに、国際問題のうち、軍拡競争や核拡散、地球温暖化といった地球環境の破壊問題について、「囚人のジレンマ」という理論的枠組みを使って説明しました。

地球規模の大きな問題はこれだけではありません。対処しなければならない多くの問題をかかえています。たとえば、紛争、戦争、テロといった問題や、日本は少子化ですが、世界的にみれば人口増加が問題となっています。さらに途上国で顕著な人権問題、エイズ、マラリアといった感染症、国際組織犯罪といったものも地球規模の問題です。

これらの解決のためには一国や地域だけの合意では不十分で、世界のすべての国々が協力

6　Henamala Hettige, Mainul Huq, Sheoli Pargal, and David Wheeler. 1996.〝Determinants of Pollution Abatement in Developing Countries : Evidence from South and Southeast Asia.〟*World Development*. 24, 12, 1891–1904.

することが不可欠です。とりあえずは話し合うこと、話し合った後に合意できるものは合意する、これだけでもずいぶんと解決に近づくものです。

この話し合う場所として重要なのが、国際機関であり、そのなかでも**国際連合**（**国連**）です。国連の機能と役割について、次章でしっかり学ぶことが地球規模の問題を知る意味で役立つはずです。

まとめ

第11章　「囚人のジレンマ」と国際問題

1

「囚人のジレンマ」とは、個人の利益と公共の利益が同時に存在する場合、自己利益を追求すると、必ずしも公共のためにはならない状況を指す。

2

現在まで、「囚人のジレンマ」の解決策はほとんどなく、現実的には、話し合いと話し合いの後、可能となった合意（決議、宣言、条約等）というアプローチである。

3

「軍拡競争」、「核拡散」も「囚人のジレンマ」と同じ構造である。

4

地球温暖化、砂漠化といったような地球環境問題も「囚人のジレンマ」と同じ構造である。

5

地球規模の問題としては、軍拡競争、核拡散、地球環境問題の他に、紛争、戦争、テロ、人口増加問題、人権問題、感染症、国際組織犯罪といったものがある。

6

右記の問題は国際機関において検討されている。

第11章
付録

進化政治学から「囚人のジレンマ」を考える

政治学の一つの分野である「**進化政治学**」から伝統的な「囚人のジレンマ」の研究に対して、新しい視点を提供し始めましたので、この最新研究を付録として紹介します。

「囚人のジレンマ」の進化政治学的研究

囚人のジレンマの前提条件は人間が利己的であるというものです。しかしながら、多くの進化政治学者は、ゲーム理論学者の主張とは異なって、遺伝子レベルにおいて、人間は必ずしも利己的ではない、との見解を持っています。

2人の囚人のジレンマは、図11-1（224頁）でした。このアプローチの前提条件は、①自己目標を設定し、②あらゆる選択肢における損得を計算し、③そのなかで自己利益を最大化するものを合理的に選ぶ、ということになっています。したがって図11-1では、AもBも各自の最良の選択の結果として「非協力」を選ぶため、両者には均衡点（右下のセル）が生まれるとし、その結果、グループ全体の最良（左上のセル）の選択（公共財の創出と享受）とは乖離するため、それこそをジレンマと呼んだのでした。

しかしながら、実験では、全被験者のうち20%～50%が囚人のジレンマのような状況では「協力」を選択しています。[7] 人間は利己的であるという前提条件では

「協力」を選択する被験者は、非合理的な人間あるいはゲームの構造を理解することができない人間ととらえ、実験のノイズ（あるいは例外）として退けられてしまうのが通常であったのですが、進化政治学では、このような被験者を非合理的な人間あるいはノイズとして扱うことはしていません。

その手法としては、まず至近メカニズムとして、20%〜50%の被験者が協力を選択し、50%〜80%の被験者が非協力を選択したという事実を受け入れることから始めます。人間を利己的な動物として規定すれば、演繹的な論理に基づいた数学上の均衡点は考えられるかもしれませんが、実際には均衡点が必ずしも存在しない事実を認めなければならない、としています。次に問わなければならない「根源的メカニズム」としての問題は、なぜ被験者が、自己犠牲を伴う「協力」という選択肢を選ぶかという事実を、狩猟採集時代におけるホモ・サピエンスの行動形態にさかのぼって分析するということです。進化政治学者は、ホモ・サピエンスはゲーム理論が前提としているような「人間は個人の利益を追求する利己的な動物である」というホモ・エコノミカス的な単純化した考え方は、根源的メカニズムに照らして考えると、必ずしも妥当性を得るものではないと提唱しています。

根源的メカニズムから考察すると、ホモ・サピエンスが誕生した当時の狩猟採集時代では、人間は血縁に基づいて多くても数十人程度の集団を形成することによって、限られた資源を獲得していました。W・ハミルトン（1964）の血縁選択説が示すように、集団内で自分の遺伝子を共有する相手に対しては利他行動を行う可能性があります。自己利益を追求するということは、自分の遺伝子の利益を追求することであり、その遺伝子を共有する他人に対して利他的になることも状況によっては可能なのです。

「2人の兄弟か、8人の従兄弟のためなら、いつでも命を投げ出せる用意がある」という英国の遺伝学者J・ホールデンの言葉が示すように、血縁関係に基づいた集団的生活パターンから、進化過程において「信頼しあう遺伝子」が我々に組み込まれてきたとしても不思議ではないでしょう。したがって、人間はこのような利他行動を要求されるような状況では、たとえ、1回限りの見ず知らずの他人との「囚人のジレンマ」のような状況であっても、遺伝子レベルでは、利他行動をうながす情動・感情・ホルモン・神経伝達物資の表出→利他的な行動の選択、という比較的単純なアルゴリズムが作動することになります。

J・オーベルと森川らのグループはAPSR誌（Orbell et al., 2004、Morikawa et al., 1995）において、相手の心を読む「**政治脳**」あるいはR・バーンとA・ワイテン（1988、1997）が使う「**マキャベリ的知能**」が、利他的な遺伝子を生じさせる可能性があるのではないかという点についてコンピューター・シミュレーションを用いて検討しています。

「政治脳」とは、人間関係において自己利益を追求し、その結果生存競争に勝つための能力であり、たとえば自分を実力以上に見せ相手を威嚇する能力（及びその威嚇を見抜く能力）、嘘をつく能力（及びその嘘を見抜く能力、さらには嘘を見抜かれた後再び上手な嘘をつく能力）、誰を信頼すべきかといった選択・洞察力（及びその信頼または不信を予見し行動をとる能力）等から構成されるもの、と定義しています。本来ならば、「政治脳」と利他行動とは相容れない関係にあると考えられるものですが、シミュレーションによる研究結果から、両者がむしろ補完しあう関係であり、「政治脳」が発達する過程において、相手の嘘を見抜く能力が嘘をつく能力を上回るといった条件が整えば、利他的な行動をとらせる遺伝子が組み込まれる可能性が高いことを確認しました。また、いったんそのような遺伝子が組み込まれると、人間は血縁関係がない相手に対しても、自己犠牲が可能な動物であることも確認しています。

7　1980年代から90年代前半のオーベルらのグループが行った被験者を使った実験で確認している。その結果の主なものには、Orbell *et al*(1991)、Orbell *et al*(1984)、等があるが、どの実験においても、20％～50％の被験者が協力を選択している。この数字については、別途オーベル氏本人の確認も得ている。2人の囚人のジレンマ、N人の囚人のジレンマ、ステップレベルゲームのいずれにおいてもこの数字の範疇である。また、カーネマン・トゥヴースキーのプロスペクト理論が指摘するように、損失の枠組みでは協力を選択する被験者は少ないことも承知している。

第12章

国際機関（国連）の機能と役割

国際問題解決の3つのアプローチ

前章では、囚人のジレンマという不偏の問題を検討することによって、軍拡競争、核拡散、地球環境問題の基本的構造を説明しました。

地球規模の問題を、世界各国が、司法、立法、行政、社会、経済、文化等の違いを乗り越えて解決するためにはどうしたら良いのかとなると、その解決策にそれほど選択肢があるわけではないことも学びました。世界には200ヶ国近くあり、そのすべての国が問題を認識し、自主的に解決すれば良いのですが、現実的には不可能です。

自主的には困難である以上は、国々が話し合いをして、情報を共有し、合意できるところについては国家相互の関係を規律する国際合意（宣言、規約など）をして、可能であれば、そのなかに努力目標を設定し、各国が努力を行ってゆければ、一つの理想です。

このアプローチを**多国間アプローチ**といいますが、国際的なフォーラムを利用して問題解決に導こうというアプローチです。

とくに1945年に設立された国際フォーラムとしての国際連合は地球規模の問題解決に大きく貢献してきました。国連でのプロセスは、国連加盟国（現在193ヶ国が加盟）が、①各々の問題についてコンセンサスを得て決議を採択するとともに、②その決議を実行に移すための行動計画を策定し、③その行動計画が実施されたかどうかの進捗状況を定期的に国連事務総長に報告（国家報告制度）させ、④1年、5年、または10年の間隔をあけて再び会議を開催し、⑤反省点を踏まえた上で、新たな戦略を練り直して再度決議を採択し、⑥各国に対しなお一層の努力を求め変革を促すというのが一般的です。

この多国間アプローチは、合意に時間がかかったり、最大公約数的コンセンサスが原則なので急激な改善は短期的には期待できなかったりといったような短所がありますが、交渉を二国間で行う必要がないため、コスト的に安価であるといった長所があります。

国連という組織

というわけで、前章で触れたように、軍拡競争、紛争、テロ、貧困と飢餓、地球環境の悪化等々、一国の力では解決が難しい問題が多々あるものの、このような国際問題をなるべく多くの国の間で話し合い、解決策を模索する機関として、国連のような国際機関が存在します。国際機関のなかには、**世界銀行グループ**といった経済問題に特化した機関、一つの目的のために設立された国際オリンピック委員会、世界捕鯨委員会といったようなものまで実にたくさんの国際機関が存在します。

どれも重要ではあるのですが、本章では、世界に存在する最も大きな国際機関である「**国際連合**」、通称「国連」について学んでいただきます。

理由は2つあります。一つめは、国連が扱う国際問題が200程度あり、多岐にわたっていることです。国連の活動を知れば、世界の動きがわかるといった側面があります。

2つめの理由は、日本の外交政策というものに「国連中心主義」というものがあります（ありました）。過去形なのか、現在形なのかは議論がわかれるところですが、いずれにしても、国際的には理解しがたい外交政策ではあります。「国連を中心にした外交政策」というものがあったとしたら、その外交政策、国益を損なう間違った政策といえます。そのような外交政策が行われないようにするためにも、国連という組織をしっかり学んでいただきます。

簡単に国連についてまとめたものが表12-1です。この表にそって説明してゆきます。

第2次世界大戦の終結をきっかけとして生まれたのが、**国際連合**（**通称、国連**）という国際機関です。設立されたのは、1945年。10月24日が**国連デー**となっていますので、正式には1945年10月24日生まれです。

設立当初は、51ヶ国でしたが、2012年現在では193ヶ国にのぼっています。最近では2011年に南スーダンという国が加盟しています。

国連は6つの主要機関から成り立っています。①**国連総会**、②**安全保障理事会**、③**経済社会理事会**、④**信託統治理事会**、⑤**事務局**、⑥**国際司法裁判所**の6つです。6つめの**国際司法裁判所はオランダのハーグ**にありますが、残りの5つは米国の**ニューヨーク**にあります。

国連では、通訳ブースというものがあり、発言に際しては**国連公用語**（英語、フランス語、スペイン語、中国

表12-1　国連の組織

項目	説明
設立年	1945年
加盟国	193ヶ国
組織	①国連総会、②安全保障理事会、③経済社会理事会、④信託統治理事会、⑤事務局、⑥国際司法裁判所の6つ
国連事務局の現事務総長	潘基文（韓国）
国連予算	約21億ドル
事務局の国連職員数	1万人程度（そのうち専門職は半数弱、邦人職員100人あまり）

図12-1　分担金率　トップ5

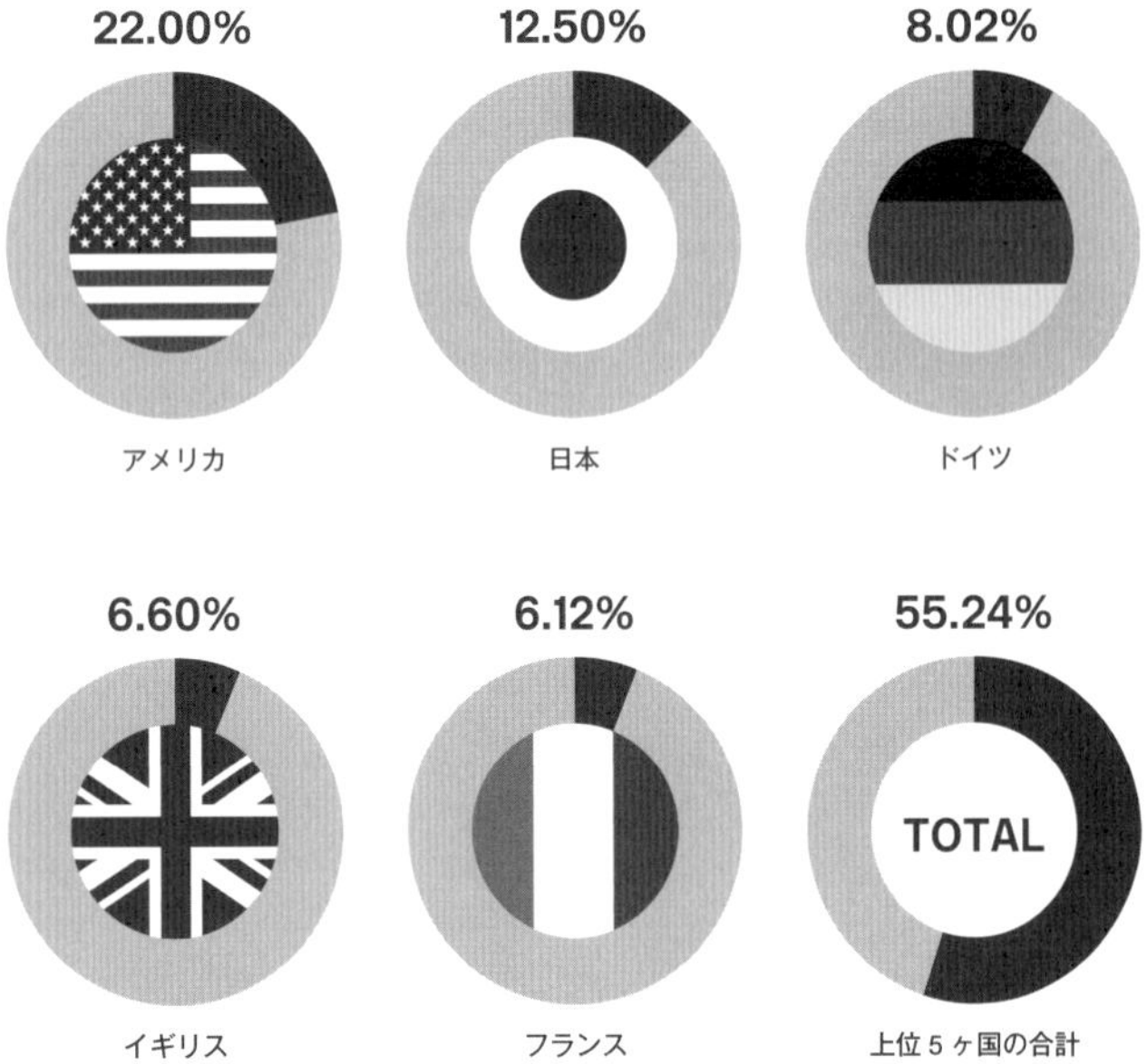

語、ロシア語、アラビア語）ならどれでも使うことができて、発言は同時通訳者を介して通訳されます。

国連の財政は、「**分担金**」と呼ばれる拠出金を出す制度で成り立っています。分担金率は分担金委員会というところで2年に1回見直しが行われ、各国の経済状況等を勘案して決められますが、加盟国はどんなに小国でも、**全予算の0・001%は最低限分担**しなければならないことになっています。

図12-1が2012年現在

の分担金率です。最も多くの拠出金を出しているのは、アメリカで全体の22%、続いて日本の12・5%、さらにドイツ(8・02%)、英国(6・6%)、フランス(6・12%)となっています。この5ヶ国で国連全予算の半分以上をまかなっています。その他の大国としては、イタリアが第6位(5%)、中国が第8位(3・2%)、ロシアが第15位(1・2%)です。

6つの主要機関

国連の6つの組織を詳しくみてみます。

①国連総会

国連総会とは、国連の諸問題を総括的に討議する場所です。特徴としては、決議に際して各国に与えられた票が1票であること、また決議案が採択されたとしても、各国への拘束力がないという2点があげられます。つまり、米国のような超大国で国連予算の22%を出している国も1票、太平洋諸国のような国連が定める最低予算(全予算の0・001%)しか出さず人口も数万人しかいないような国にも1票が与えられています。

総会決議には強制力がないので、採択されたとしても、それは象徴的な出来事で、国際世論の喚起という意味合いを持つ程度です。

② 安全保障理事会

国連安保理は、6つの主要機関のなかで最も重要なものです。安保理の目的は国際平和と安全の構築を目的としていて、国連総会とは異なり、強制力があるのが特徴です。討議に参加できるのは、たったの15ヶ国。この15ヶ国も、**常任理事国**（**米英仏露中の5ヶ国**）と**非常任理事国**（**2年で交代する10ヶ国**）に分かれています。

常任理事国は、すべての討議に参加できるとともに、気に入らない決議案に対しては拒否することも可能です。常任理事国のうち1ヶ国でも**拒否権**を行使すると決議案は廃案になってしまうという非常に不公平なシステムです。なお、安保理の意思決定は15ヶ国中の9ヶ国の賛成が必要です。

日本は非常任理事国として何度も参加はしていますが、常任理事国ではありませんし、いったん非常任理事国として2年間参加すると、必ず次の2年間は選出されないしくみになっているので、日本の安保理における影響力は決して大きいものではありません。

安保理の常任理事国は、第2次世界大戦の戦勝国がなったという経緯があり、安保理は改組すべきとの声が強いのですが、その点については、のちほど詳しく検討します。

③ 経済社会理事会

通称、「経社理」は、総会で選出された54ヶ国によって構成され、経済・社会・文化に関する幅広い分野について討議しています。決議案は満場一致を原則としています。安保理と違って強い強制力がないこと、経済・社会・文化に関する国連諸機関の方に実行力があること等の理由から、国連総会のようにシンボリックな意味合いが強い機関となっています。

④ 信託統治理事会

信託統治理事会は、終戦当時国連の信託統治地域11を管理し、独立を促す役割を担っていましたが、1994年のパラオを最後に、すべての信託統治地域が独立したために、現在では歴史的使命を終えて、休眠状態に入っています。信託統治理事会を閉鎖しても良いのですが、そのためには「国連憲章」を改定する必要があるのと、別の目的の理事会を作りたいという動きもあるので、とりあえず休眠状態にしているのが現状です。

⑤ 事務局

国連事務局は、国連総会、安保理、経社理等の会議のお膳立てをしたり、決議を執行するに際して必要な手助けをする「国連職員」の集まりです。国連職員は、別名「**国際公務員**」といいますが、まさしく各国の公務員と同じような役割を果たします。

国連事務局の長を、**国連事務総長**といい、現在は韓国出身の潘基文氏が第8代事務総長となっています。過去の事務総長は図12-2に掲載しました。

事務総長は「国連の顔」としての役割を担いますが、実際には、事務局の長に過ぎません。日本の省庁に例えると、「事務次官」といったところです。

事務局は官僚組織で、事務総長の下には副事務総長、さらに、事務次長、事務次長補、部長、副部長と続き、さらに実質的な仕事をする職員としてP5〜P1（Pはプロフェッショナルの意味）があり、すべての国連職員はランク付けされていて、その下には、事務補助を行う一般職（ゼネラル・サービス・スタッフ）がいます。

図 12-2　歴代の国連事務総長

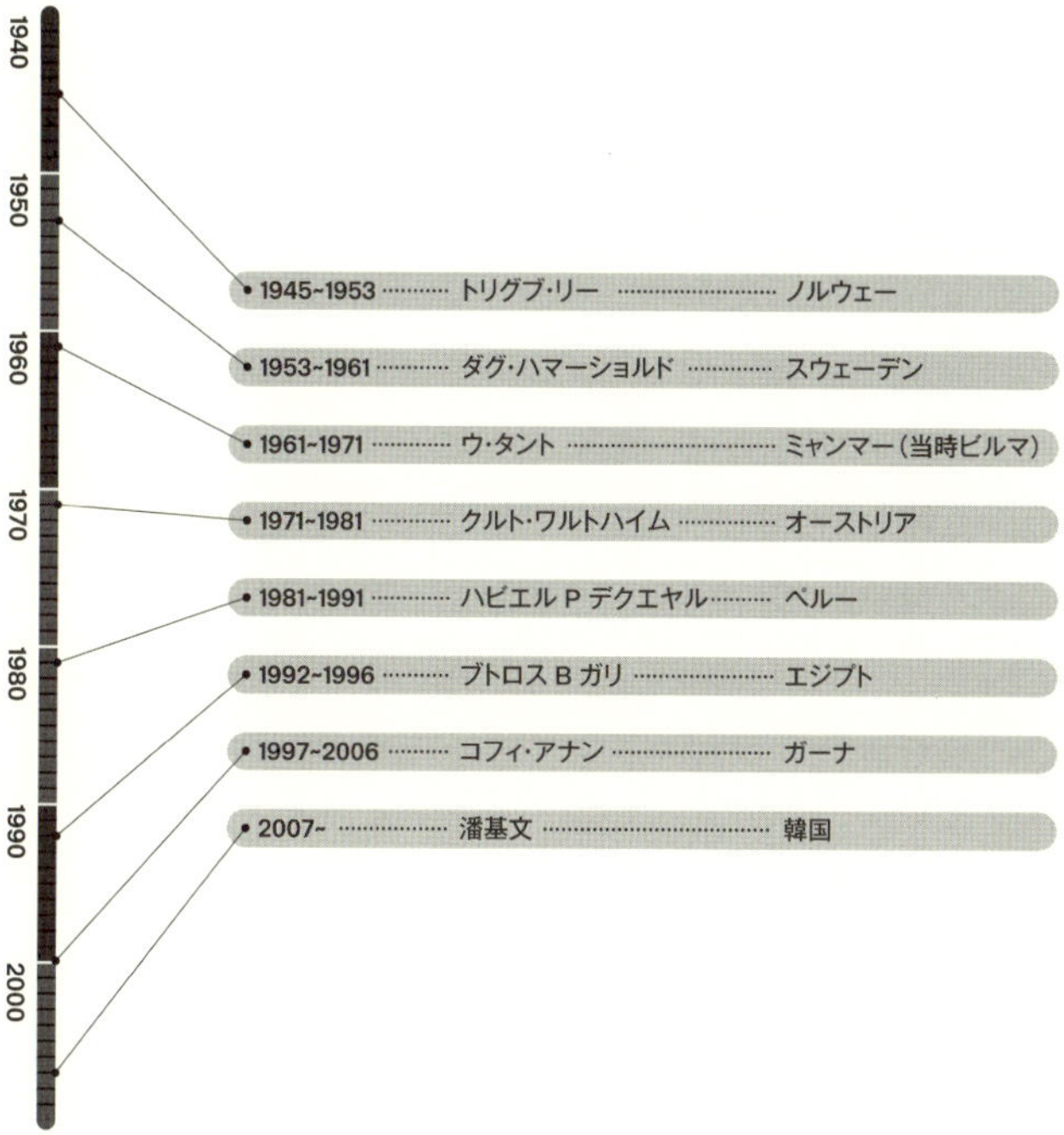
1940
1950
1960
1970
1980
1990
2000
1945~1953 ………… トリグブ・リー ………………………… ノルウェー
1953~1961 ………… ダグ・ハマーショルド …………… スウェーデン
1961~1971 ………… ウ・タント ……………………………… ミャンマー（当時ビルマ）
1971~1981 ………… クルト・ワルトハイム ……………… オーストリア
1981~1991 ………… ハビエル P デクエヤル………… ペルー
1992~1996 ………… ブトロス B ガリ ……………………… エジプト
1997~2006 ………… コフィ・アナン ………………………… ガーナ
2007~ ………………… 潘基文 ………………………………… 韓国

⑥ 国際司法裁判所

オランダのハーグにある国際司法裁判所は、加盟国の間の法的ないざこざを解決する裁判所です。**15人の裁判官**（**任期は9年**）から構成されています。ニューヨークではなくハーグにあるのは、その前身である「常設国際司法裁判所」（１９２２～４６）がハーグにあったためです。

国連諸機関

国連の６つの主要機関に加えて、世界各地には、数十の国連諸機関が存在します。国連が設立されたのは１９４５年ですが、それ以前に作られた国際機関も数多くあります。たとえば、**ＵＰＵ**（**万国郵便連合**）、**ＩＴＵ**（**国際電気通信連合**）といったように19世紀に作られたものもあります。このような国際機関は、国連が設立されたときに、国連の専門機関として組み込まれたわけですが、その他にも**ＵＮＤＰ**（**国連開発計画**）や**ＵＮＩＣＥＦ**（**国連児童基金**）といったように経済社会理事会が設立したプログラムもあります。

このように国連諸機関ができた経緯は複雑ですが、表12-2に、名前くらいは知っておいた

表 12-2 主な国連諸機関一覧

国連機関	日本語名	本部	主な活動
UNDP	国連開発計画	ニューヨーク	開発に関する最も大きなプログラム
UNICEF	国連児童基金	ニューヨーク	通称「ユニセフ」。発展途上国の母子への援助を中心とした機関。
UNFPA	国連人口基金	ニューヨーク	世界の人口問題を扱う。
FAO	食糧農業機関	ローマ	飢餓の撲滅を達成するため、世界の食料問題を扱う機関。
WFP	世界食糧計画	ローマ	食料の緊急援助などを行う。
UNHCR	国連難民高等弁務官事務所	ジュネーブ	難民を保護し、援助する機関。
WHO	世界保健機関	ジュネーブ	保健衛生に関する活動を行う機関。
ILO	国際労働機関	ジュネーブ	1919年、労働者の労働条件と生活水準の改善を目的に設立された機関。
ITU	国際電気通信連合	ジュネーブ	1865年に活動を開始し、通信に関する標準化を目的とする機関。現存する最も古い国際機関といわれている。
UNCTAD	国連貿易開発会議	ジュネーブ	国際貿易の促進が目的であるが、歴史的には南北問題の対立が顕著だった機関。
UNU	国連大学	東京	国連の活動の範疇に関する問題についての研究機関。
UPU	万国郵便連合	ベルン(スイス)	1874年、国際郵便条約によって設立された国際的な郵便に関するもので、2番目に古い国際機関。
UNESCO	ユネスコ	パリ	正式には「国際連合教育科学文化機関」といい、世界遺産を認定する機関で著名。
UNIDO	国連工業開発機関	ウィーン	経済開発、工業基盤の整備などを支援する機関。
ICAO	国際民間航空機関	モントリオール	国際民間航空に関する健全な発達を目的とする機関。
UNEP	国連環境計画	ナイロビ	国連諸機関の環境に関する活動の調整など。

方が良いと思われる国連機関を掲載しました。

図にある通り、国連機関のなかには、ニューヨークに本部があるものばかりでなく、ヨーロッパ等にあるものも多いです。国連の前身である「**国際連盟**」の本部がジュネーブにあったこともあり、スイスのジュネーブには、**WHO**（**世界保健機関**）、**UNCTAD**（**国連貿易開発会議**）といった機関を含め数多くの国連機関が本部を構えています。フランスのパリには、世界遺産の認定で有名な**ユネスコ**、オーストリアのウィーンには**UNIDO**（**国連工業開発機関**）、カナダのモントリオールには**ICAO**（**国際民間航空機関**）、ケニアのナイロビには**UNEP**（**国連環境計画**）等があります。

東京にも、青山学院大学の向かい側に１９７３年に設立された**UNU**（**国連大学**）があります。国連大学の名称にはなっていますが、学生が在籍しているわけではなく、研究機関の一つといったイメージでとらえておくのが良いですが、その活動は広く知られているというわけでも世界平和に多大に寄与しているというわけでもありません。

これらの国連諸機関は、専門的な分野に特化して活動をしていることで存在意義がありま す。国連の主要機関である経済社会理事会は包括的に経済や社会問題を検討しますが、実際の貧困や飢餓の撲滅のためには、開発途上地域に直接的に援助できる専門機関が必要となります。その意味で、図に掲げた国際機関が必要といえます。

ただし、このなかには設立目的や実際の活動に重複する機関もあることから、存在意義や予算の配分という点で疑問が出ていることも知っておくべきでしょう。

国連での最も大きな懸案事項

①安保理改組

このように国連や国連諸機関は、世界各地で活動をしています。設立されてからすでに数十年の月日が経ちましたので、機能障害を起こしている点もあります。そこで、ぜひ考えてもらいたい3点について、詳述します。

1つめが安保理改組問題、2つめが邦人国連職員数の問題、3つめが、PKO（国連平和維持活動）です。

冒頭でお話ししましたように、日本の外交の柱として、**日米安全保障条約**と**国連中心主義**というものがありました。実際に現在機能しているのかどうかわかりません。少なくとも日米安保条約は1951年以来、ずっとわが国の外交の基本となっています。

もう一方の「国連中心主義」という国連の決めたことに従うという外交方針がいかに無意味

な外交政策であるかということは、日本が国連主要機関のなかで最も重要な安保理の常任理事国になっていない事実からして明らかです。

どうして他の国が決めたことに従わなければならないのか？　なぜ日本は重要な意思決定に参加できないのか？　それなのになぜ日本の外交の柱になってしまうのか？　まったく意味不明な外交政策です。

表12-3　安保理非常任理事国数の地域割り当て

地域グループ	現在の加盟国数	非常任理事国数	常任理事国数
アフリカ	53	3	0
アジア	53	2	1
中南米	33	2	0
西ヨーロッパ等	27	2	3
東ヨーロッパ	23	1	1
合計	189(無所属国あり)	10	5

それでは、日本は安保理の常任理事国になれるのでしょうか？　日本と同じ立場にいるのが、ドイツです。日本もドイツも第2次世界大戦の敗戦国です。国連の分担金でいえば、日本は加盟国中第2位、ドイツは第3位です。常任理事国の中国やロシアよりもはるかに多くの分担金率ではあります。お金をたくさん拠出していながら、常任理事国になれないという歯がゆい思いをしてきましたが、常任理事国になるべく努力を怠ってきたというわけではありません。同じ境遇にいる国である、ドイツ（日本と同じ立場）、インド（人口が多い）、ブラジル（中南米の大国）とチームを組んで（G4という）、働きかけてはいます。

しかし、日本の常任理事国化に対しては、隣国の韓国や中国が反対しています。ドイツの常任理事国化に対しては、「西ヨーロッパからは、すでに英国とフランスが常任理事国としてある」との批判がありますし、インドには宿敵パキスタンがいて、公用語がポルトガルのブラジルには、アルゼンチンなどのスペイン語圏の中南米諸国が良い反応をしていません。また、アフリカで最も人口の多いナイジェリア、ナイル文明を持つエジプトなどから「どうしてアフリカ諸国からは常任理事国がないのか」という不満も出ています。

ということで、日本が常任理事国になるには、現実的には難しいようです。そうであるならば、1000兆円以上の財政赤字をかかえている日本にとっては巨額の分担金は重荷であると考えられます。

② 邦人国連職員

第2の懸案事項は、日本人の国連職員数の問題です。わが国の分担金率は2012年の時点で12・5％です。国連で働く職員の数は分担金率に比例するという原則がありますので、全職員数の12・5％は日本人でなくてはなりません。

しかし、現実には5％程度の100人くらいです。わが国が国連に加盟したのが1956年ですから、すでに60年近く経とうとしていますが、職員数が飛躍的に増大しているわけではありません。微増といったところです。

実は、私自身も国連関係の仕事に10年近く勤務した経験があり、辞めてしまった人の１人です。国連機関で働く国際公務員にはメリットとデメリットが存在しているので、辞めることも仕方がないとは思いますが、その分を補充できないもどかしさというものも存在しています。

国連職員として働くメリットは、「世界平和のために仕事ができる」、「やりがいがある」、「給与が良い」、「世界中出張する機会がある」があげられますが、デメリットには「競争が激しい」、「多国籍の人たちと働かなければならない」、「上司が良いか悪いかで昇進が決まる」というものがあります。

日本人の国連職員数が伸びない政策的な問題は外務省にもあるようです。元国連職員の声として以下のようなものがあります。少々長くなりますが、引用します。

――「外務省は国連の邦人職員を軽視しているというか、人事に一所懸命ではない、最近は少し良くなっているようですけれど。つい最近までは、大使に人事の件でお願いに行くと、『俺がそんなことできるか』と全然相手にされなかったのです。他方、ドイツやオランダなんかは大使自らが国連の人事部に乗り込んで行って、『なぜこの職員を採らないんだ』とひざ詰談判までして、自国の職員を採用させています。長年日本人が全然増えないので、外務省も日本人を増やすために国連代表部のなかに一等書記官のポストを新しく作ったんです、もう30年以上前ですかね。その人は外務省の人ではなくて、人事院から派遣されてきます。でも、彼らは国連で働いた経験はゼロでしょう。意欲があっても、英語もよくできない。たとえできたとしても国連の海千山千の人事官にはとても歯が立たない。とてもじゃないけど、日本人を押し込むことなんてできないわけです。国連の人事担当の日本対策としては、第1段階は、『採用する』という、第2段階は、しばらくほっぽらかしておく、そうやって半年か1年か経って文句いってきたら、『もうちょっと良い資格を持った候補者はいないか、あるいは女性の候補者はいないか』と切り返すわけです。日本人はまじめだから、それを鵜呑みにして、また一から別の候補者を探し始めるわけです。そうやっている内に2〜3年はすぐ経ってしまう。その頃には役人のローテーションで別の人に入れ替わって、引き継ぎもうまくいっていませんから、その話は頓挫してしまう。そういうわけで、日本人はなかなか増えない。今でもニューヨークは100人前後でしょ。全然増えていません。」

自分が辞めた理由を含めてあと2つ問題があります。

一つは給料の問題です。確かに給料は悪くはありません。しかし、国連生え抜きにとって問題なのは、官庁から来ている官僚は日本政府から金銭的な下駄をはかしてもらっている点です。給料のダブル・スタンダードで、官庁の本給に加えて国連の給料という二重取り、国連隠語では「ニコニコ」と呼んでいます。能力が劣る官庁組が、生え抜き邦人職員より、たくさん給料をもらっている。これはどう考えても不公平です。

2つめは、日本の官僚が国連に出向してくる場合です。国連のような国際組織での経験がある人ならまだしも、全然経験のない人だと、来てすぐには仕事ができないから、組織のお荷物になってしまいます。国連には研修機関というものがないですから、入った翌日から仕事ができなければなりません。自分の経験からいうと、日本の官庁から来る人のなかには、その組織のなかでは優秀な人もいるのでしょうが、国連という組織のなかでは、決して優秀というふうにはならない現実があります。そのような官僚が、国連のなかの重要なポストを日本人に一つとられるということで、入るからには定年まで辞めないというなら問題ありませんが、腰掛けで2～3年で来るのであれば、国連にとっても、日本にとっても良くないし、他の国連生え抜きの人も同じような低い評価を受けてしまうといったことがあります。

国連には国連のルールがあるという例を一つあげます。以前、国連の面接時にしばしば出題された問題を披露します。その問題とは次のような問いです。

――「ある発展途上国の国連事務所で仕事をしていたとします。そのときに自分の上司が不正にお金を流用していたことがわかりました。あなたは次のうち、どの行動をとりますか？　①上司の、その上の上司に不正を報告する、②上司にそんなことは不正であると忠告し止めさせる、③見てみぬふりをして何もしない。」

いかがでしょうか？　たぶんみなさんは、①を選ぶのではないでしょうか。正義感の強い人だったら②を、多くの人は①と答えるのではないでしょうか。しかし、正解は③です。

理由は2つあります。一つめは、服務規程のなかに「不正があったときは報告するように」と書いてあるわけではありません。服務規程以外のことをして良いのかという法律問題があります。やれといわれていないことをやるのは借越なわけですし、越権行為としてとられてしまう可能性があります。ですから、不正があったからといって報告する必要はありません。

2つめの理由は、国連という組織のみならず、どの組織でも、上司が不正をしていないとは言い切れません。国連のような大きな組織では1人で不正をするのは難しい面があるので、組織ぐるみということがしばしばあるのです。この例題は、現実にあったことに基づいたものですが、実際にはどうしたかというと、その職員は不正を自分の胸にしまっておくことができず、上司の上司に報告してしまいました。

それでその職員はどうなったかというと、クビになってしまったのです。罪を着せられたかどうかは知りませんが、辞めさせられてしまった。不正を正そうとした職員が逆に辞めさせられてしまったのです。正解は「自分が本部に出張したときに不正を報告する」なのでしょうが、現実的には、見て見ぬふりをすることも正解なのです。自分を守る、自分以外の人をむやみに信用しないということは、200ヶ国近くの人々が一つの組織で働いていく上で必要になってくるものです。

このように国連という組織で働くというのは、日本の常識では通用しない面がある、ということだけはおわかりいただけたかと思います。果たしてどれほどの日本人が世界的に通用できるか疑問ではありますが、少なくとも、分担金率が高い以上、日本人の職員も当然の権利として増やしてゆくのが日本の国益にかなうものでしょう。

③ PKO

第3の問題は、PKOです。PKOとは「Peacekeeping Operations」の略で、**国連平和維持活動**と訳されています。PKOの目的は国連憲章に明記されている「国際の平和及び安全を維持する」ことです。

PKOの第1号は、第1次中東戦争後の1948年で、**UNTSO**（**国連休戦監視機構**）という停戦監視団で、現在も活動しています。その後、数十のPKOが設立されては任務を終了して、2012年時点では、図12-3にあるように、15のPKOが活動しています。

図 12-3 国連PKOの展開状況

Ⓐ警察要員(個人) Ⓑ警察部隊要員 Ⓒ軍事監視要員等 Ⓓ軍事部隊要員
※括弧内は日本からの派遣人数(国連統計)
[●] 日本がPKO法に基づき要員を派遣中のミッション

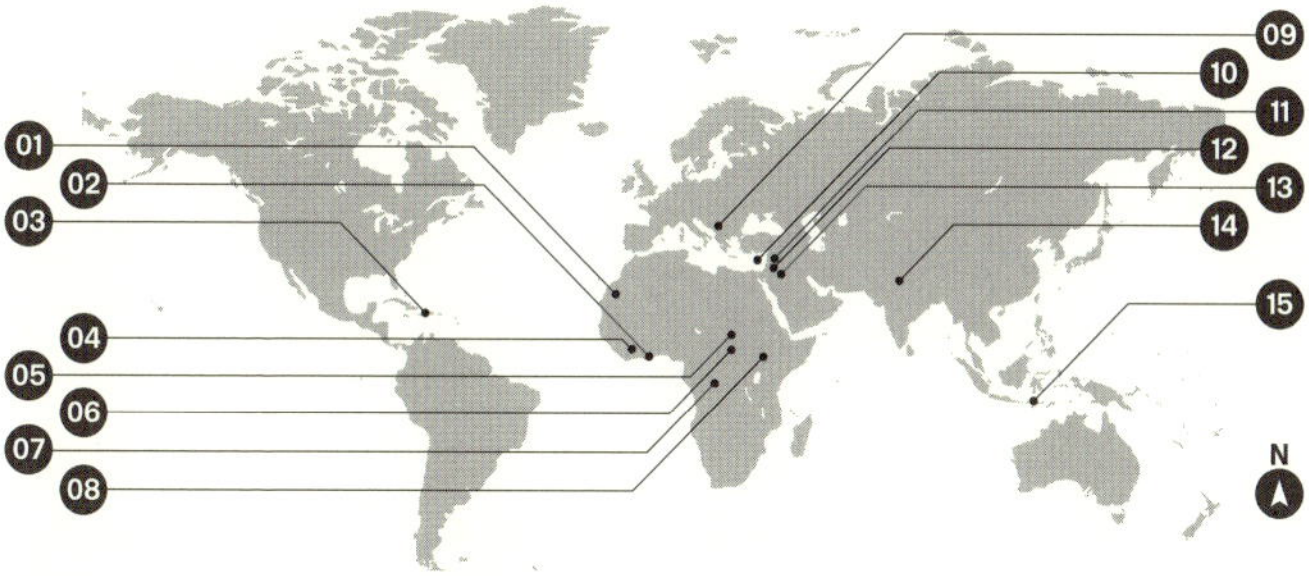

01
国連西サハラ住民投票監視団
(MINURSO) 1991.4~
Ⓐ5 Ⓑ0 Ⓒ203 Ⓓ27

02
国連コートジボワール活動
(UNOCI) 2004.4~
Ⓐ357 Ⓑ995 Ⓒ203 Ⓓ9,402

03 [●]
国連ハイチ安定化ミッション
(MINUSTAH) 2004.6~
Ⓐ1,246 Ⓑ2,001 Ⓒ0 Ⓓ7,526(225)

04
国連リベリアミッション
(UNMIL) 2003.10~
Ⓐ435 Ⓑ844 Ⓒ135 Ⓓ7,781

05
ダルフール国連・AU合同ミッション
(UNAMID) 2007.7~
Ⓐ3,134 Ⓑ2,232 Ⓒ313 Ⓓ17,768

06
国連アビエ暫定治安部隊
(UNISFA) 2011.6~
Ⓐ0 Ⓑ0 Ⓒ83 Ⓓ3,716

07
国連コンゴ(民)安定化ミッション
(MONUSCO) 2010.7~
Ⓐ318 Ⓑ1,049 Ⓒ733 Ⓓ17,129

08 [●]
国連南スーダン共和国ミッション
(UNMISS) 2011.7~
Ⓐ488 Ⓑ0 Ⓒ132 Ⓓ4,913(241)

09
国連コソボ暫定行政ミッション
(UNMIK) 1999.6~
Ⓐ7 Ⓑ0 Ⓒ9 Ⓓ0

10
国連キプロス平和維持隊
(UNFICYP) 1964.3~
Ⓐ68 Ⓑ0 Ⓒ0 Ⓓ864

11
国連レバノン暫定隊
(UNIFIL) 1978.3~
Ⓐ0 Ⓑ0 Ⓒ0 Ⓓ11,984

12 [●]
国連兵力引き離し監視隊
(UNDOF) 1974.5~
Ⓐ0 Ⓑ0 Ⓒ0 Ⓓ1,043(31)

13
国連休戦監視機構
(UNTSO) 1948.6~
Ⓐ0 Ⓑ0 Ⓒ151 Ⓓ0

14
国連インド・パキスタン軍事監視団
(UNMOGIP) 1949.1~
Ⓐ0 Ⓑ0 Ⓒ38 Ⓓ0

15 [●]
国連東ティモール統合ミッション
(UNMIT) 2006.8~
Ⓐ753 Ⓑ489 Ⓒ33(2) Ⓓ0

●現在のミッション数:15 ●警察要員(個人):6,656 ●警察部隊要員:7,836 ●軍事監視要員等:1,974
●軍事部隊要員:82,187 ●合計:98,653 ●日本:347(軍事部隊要員 345、軍事監視要員等 2)
※日本の要員のうち、国連によって経費が賄われない要員は、国連統計上の要員数に含まれない。
出典 国連ホームページ等(平成24年3月末現在)

わが国のＰＫＯへの派遣は、１９９２年に「**ＰＫＯ協力法**」が成立してから可能となり、２０１２年時点での派遣人数は、軍事部隊要因が345人、軍事監視要員等が２人の合計347人です。決して多いわけではありません。もし日本が真剣に安保理の常任理事国化へ努力するならば、ＰＫＯへの派遣人数も増やしてゆく方向にすべきです。

ただし、日本のメディアは、有権者や政治家の無関心を反映して、外交問題に対して盛り上がりに欠ける傾向があるので、悲願ともいえる常任理事国化は、遠い道のりでしょう。

まとめ

第12章　国際機関（国連）の機能と役割

1

国際機関のなかで最も大きなものは、1945年に設立された国際連合（国連）である。

2

国連の加盟国は1945年当初51ヶ国であったが、現在は193ヶ国に上る。

3

国連の主要機関は、総会、安全保障理事会、経済社会理事会、信託統治理事会、事務局、及び国際司法裁判所の6つである。国際司法裁判所以外はニューヨークに存在する。

4

わが国が一時期提唱した「国連中心主義」は日本の国益を損なうものである。

5

わが国は国連の分担金率第２位にもかかわらず、安保理常任理事国ではない。

6

わが国は国連の分担金率第２位にもかかわらず、邦人職員が極端に少ない。

7

わが国は「ＰＫＯ協力法」に基づいて、ＰＫＯに参加している。

第3部
まとめ

日本の外交問題—多国間と二国間アプローチ—

第3部では、地球規模の問題と日本と題して、理論的見地から「囚人のジレンマ」を学び、その派生として、軍拡競争、核拡散、地球環境問題等を学び、このような問題を話し合う場所としての国際機関である国連組織についても学習しました。

わが国の「外交政策」は、国連といった多国間アプローチだけではなく、当然のように二国間アプローチというものもあります。

二国間アプローチで外交上問題となっているものもたくさんありますので、第3部のまとめとして考えてもらいたいと思います。

たとえば、北方領土、竹島といった領土問題がありますし、北朝鮮の拉致問題といったものもあり、日本の国益を考えると、朝鮮半島の動きは大変重要な課題です。

米国との関係は冷戦以降も引き続き重要です。1951年に日米安保条約を締結していますので、日本の外交の基本は、両国の軍事同盟ですが、防衛以外の面でも日米関係は重要です。第2部で学習したように、食料の輸入や経済的な結びつきを考えると両国は密接に結びついています。

さらには、世界の工場と呼ばれ、日系企業も多数進出している中国との関わり合いは、21世紀とくに重要になってきています。わが国固有の領土である尖閣列島への中国の侵犯が頻繁であったり、東シナ海における日本の油田も吸い取られているという状況があることから、尖閣列島、東シナ海の油田問題といった防衛上の問題とビジネスの問題をどのように両立させるのか、わが国の外交手腕が問われるところです。

　原則として、外交問題を扱うのは外務省ということになっていますが、農業・食料問題なら農水省、経済問題なら経済産業省といったように、ほとんどの省庁が関係してくるものです。本文でも述べたように、外交については国民の関心は低く、したがって国会議員の関心も低いことから、外交は官僚中心になる傾向がありますが、私たち有権者も目を配っておかないと、日本の国益が侵されているのに何もしないで、手遅れの事態になってしまいかねません。

　ぜひ、第3部で得た知識をとっかかりとして、日々学んで、自分の意見を持てるようになっていただきたいと存じます。

あとがき

第1部から第3部まで、「生き延びるための」政治学として、①政治の基本的仕組み、②国内の政治問題、及び③地球規模問題を解説しました。

ここで書かれた内容を理解できれば、政治に関しては充分な知識です。あとは、毎日の政治の動きを、テレビや新聞といったメディアでアップデートしてゆけば、選挙において賢明な候補者を選択することができるはずです。

章の付録として、「進化政治学」という真新しい研究の政治学への応用についても解説しました。私たちの政治行動は、遺伝子の影響を多分に受けている可能性がありますので、従来の後天的な変数の研究に加えて、遺伝子レベルでの研究も必要になったということです。

確かに、政治学の研究対象である私たち人間は、地球の誕生からみればほんの瞬き程度の間に誕生したという事実、またヒトが誕生してから一万世代程度、農耕社会が開始されてからは800世代程度、産業革命以降では20世代程度、さらに第2次世界大戦後ではほんの数世代を経ているに過ぎないという事実からして、遺伝子の影響の可能性、もっと研究が行われても不思議ではありません。

最後に、読者のみなさんが行わなければならない政治行動について述べておきます。当然、選挙においては投票する、という民主主義に不可欠な行動も必要です。投票に加えて、政治家に直接働きかける、特別利益団体に加わる、支持している政党なり政治家に政治献金をする、さらには自分で政党を作るという行動も可能です。どの政治行動をとるのかはみなさんの裁量によりますが、働きかけるエネルギーが大きければ大きいほど日本は動いてゆきます。

民主主義では、すべての政治行動は巡り巡って自分に影響を与えるものです。私たち一人一人は、有権者1億人分の1の影響力しかありませんが、その小さな影響力の積み重ねが日本という国を作っています。数の多さと政治行動とは「囚人のジレンマ」と同じ構造になっていて、私たちはついつい「自分1人がしなくても誰かがするだろう」という考え方に陥り、誰も何もしないで、結局、一握りの人々が日本の政治を動かすという事態になっています。当然、何もしない人々の犠牲のもとに…。こんな状況で良いのでしょうか?

ぜひ、みなさんの手で日本を良い方向に変えていって欲しいと願っています。

なお、本書の出版にあたっては、弘文堂の加藤聖子さんに大変お世話になりました。感謝申し上げます。また、本文の一部において、独立行政法人日本学術振興会の科研費基盤研究Ⓒ「マキャベリ的知能と紛争の実証研究」の研究結果を用いていることを付記します。

Keeley, Lawrence H.(1996). *War Before Civilization : The Myth of the Peaceful Savage.* Oxford University Press.

LeBlanc, Steven and Katherine E. Register (2003). *Constant Battles: The Myth of the Peaceful, Noble Savage.* St. Martin's Press.

Morikawa, Tomonori, John M. Orbell and Audun S. Runde (1995). "The Advantage of Being Moderately Cooperative." *American Political Science Review,* 89, 3, pp.601–611.

Morikawa, Tomonori, James Hanley and John M. Orbell (2002). "Cognitive Requirements for Hawk–Dove Games : A Functional Analysis of Evolutionary Design." *Journal of Politics and the Life Sciences,* 21, 1, pp.3–12.

Morikawa, Tomonori and Masahisa Endo (2005). "Distribution and Formation of Voter's Political Knowledge in Japan : An Empirical Analysis." *Review of Electoral Studies,* 5, pp.61–78.

Orbell, John M. and Robyn M. Dawes (1991). "A Cognitive Miser Theory of Cooperator's Advantage." *American Political Science Review,* 85, 2, pp.515–528.

Orbell, John M., Peregrine Schwartz–Shea and Randy T. Simmons (1984). "Do Cooperators Exit More Readily than Defectors?" *American Political Science Review,* 78, 1, pp.147–162.

Orbell, John M., Tomonori Morikawa, James Hanley, Jason Hartwig and Nicholas Allen (2004). "Machiavellian Intelligence as a Basis for the Evolution of Cooperative Dispositions." *American Political Science Review,* 98, 1, pp.1–15.

Orbell, John M., Tomonori Morikawa, and Nicholas Allen (2002). "The Evolution of Political Intelligence : Simulation Results." *British Journal of Political Science,* 32, pp.613–639.

Orbell, John M. and Tomonori Morikawa (2011). "An Evolutionary Account of Suicide Attacks : The Kamikaze Case." *Political Psychology,* pp.297–322.

Sanfey, Alan G.(2007). "Social Decision–Making: Insights from Game Theory and Neuroscience." *Science,* 318, pp.598–602.

Sidanius, Jim and Robert Kurzban (2003). "Evolutionary Approaches to Political Psychology" in *Oxford Handbook of Political Psychology* edited by David O. Sears, Leonie Huddy, Robert Jervis, Oxford University Press.

Sigelman, L.(2006). "Report of the Editor of the American Political Science Review." *Political Science and Politics,* 40, 1. pp.171–173.

Smirnov, Oleg, Holly Arrow, Douglas. J. Kennett, and John Orbell (2007). "Ancestral War and the Evolutionary Origins of 'Heroism' ." *Journal of Politics,* 69, 4, pp.927–940.

Thayer, Bradley A.(2004). *Darwin and International Relations: On the Evolutionary Origins of War and Ethnic Conflict.* University Press of Kentucky.

Trivers, Robert (1971). "The Evolution of Reciprocal Altruism." *The Quarterly Review of Biology,* 46, pp.35–57.

Whiten, Andrew and Richard W. Byrne (eds.) (1997). *Machiavellian Intelligence II : Extensions and Evaluations.* Cambridge University Press.

Wood, Richard M., James K. Rilling, Alan G. Sanfey, Zubin Bhagwagar, and Robert D. Rogers (2006). "Effects of Tryptophan Depletion on the Performance of an Iterated Prisoner's Dilemma Game in Healthy Adults." *Neuropsychopharmacology,* 31, pp.1075–1084.

参考文献

Alford, John R., Carolyn L. Funk, and John R. Hibbing (2005).〝Are Political Orientations Genetically Transmitted?〟 *American Political Science Review*, 99, 2, pp.153–167.

Alford, John R. and John R. Hibbing (2004).〝The Origin of Politics : An Evolutionary Theory of Political Behavior.〟 *Perspectives on Politics*, 2, pp.707–724.

Atran, Scott (2003).〝Genesis of Suicide Terrorism.〟 *Science*, 299, pp.1534–1539.

Barkow, Jerome, Leda Cosmides and John Tooby (eds.) (1992). *The Adapted Mind : Evolutionary Psychology and the Generation of Culture*. Oxford University Press, pp.163–228.

Bond, Jon R.(2007).〝The Scientification of the Study of Politics : Some Observations on the Behavioral Evolution in Political Science.〟 *Journal of Politics*, 69, 4, pp.897–907.

Bowles, Samuel (2006).〝Group Competition, Reproductive Leveling, and the Evolution of Human Altruism.〟 *Science*, 314, pp.1569–1572.

Burnham, Terence C.(2007).〝High–Testosterone Men Reject Low Ultimatum Game Offers.〟 *Proceedings of Biological Sciences*, 274, pp.2327–2330.

Byrne, Richard W. and Andrew Whiten (eds.) (1988). *Machiavellian Intelligence : Social Expertise and the Evolution of Intellect in Monkeys, Apes, and Humans*. Oxford University Press.

Camerer, Colin F.(2003). *Behavioral Game Theory : Experiments in Strategic Interaction*. Princeton University Press.

Camerer, Colin F. and Richard H. Thaler (1995).〝Anomalies : Ultimatums, Dictators and Manners.〟 *Journal of Economic Perspectives*, 9, 2, pp.209–219.

Darwin, Charles ([1859] 1999). *The Origin of Species, Bantam Classics*. Random House.

Downs, Anthony (1957). *An Economic Theory of Democracy*. Harper & Row.

Fowler, James H.(2006).〝Altruism and Turnout.〟 *Journal of Politics*, 68, 3, pp.674–683.

Güth, Werner, Rolf Schmittberger, and Bernd Schwarze (1982).〝An Experimental Analysis of Ultimatum Bargaining.〟 *Journal of Economic Behavior and Organization*, 3, 4, pp.367–388.

Hamilton, W. D.(1964).〝The Genetical Evolution of Social Behaviour.〟 I , II , *Journal of Theoretical Biology*, 7, pp.1–52.

Hatemi, Peter K., Sarah E. Medland, Katherine I. Morley, Andrew C. Heath, and Nicholas G. Martin (2007).〝The Genetics of Voting : An Australian Twin Study.〟 *Behavior and Genetics*, 37, pp.435–448.

Hines, Samuel (1982).〝Politics and the Evolution of Inquiry in Political Science.〟 *Politics and the Life Sciences*, 1, 1, pp.5–16.

Jensen, Keith, Josep Call and Michael Tomasello (2007).〝Chimpanzees are Rational Maximizers in an Ultimatum Game.〟 *Science*, 318, pp.107–109.

Johnson, Dominic, Rose McDermott, Emily S. Barrett, Jonathan Cowden, Richard Wrangham, Matthew H. McIntyre, and Stephen Peter Rosen (2006).〝Overconfidence in Wargames : Experimental Evidence on Expectations, Aggression, Gender and Testosterone.〟 *Proceedings of Royal Society B*, 273, pp.2513–2520.

著者紹介
森川友義（もりかわ とものり）
早稲田大学国際教養学部教授。政治学博士（Ph. D）。1955年群馬県生まれ。早稲田大学政治経済学部政治学科卒、ボストン大学政治学部修士号、オレゴン大学政治学部博士号取得。国連開発計画、国際農業開発基金等の国連専門機関に勤務。アイダホ州立ルイス・クラーク大学助教授、オレゴン大学客員准教授を経て、現職に至る。海外生活は米国、イタリア、ウガンダ等約21年。専門分野は日本政治、恋愛学、進化政治学。
政治学に関する主な著書として『若者は、選挙に行かないせいで四〇〇〇万円も損してる!?』（ディスカヴァー21社）、『どうする依存大国ニッポン』（同上）等がある。また恋愛学としては『なぜ、その人に惹かれてしまうのか？ ヒトとしての恋愛学入門』（ディスカヴァー21社）、『結婚は4人目以降で決めよ　恋愛と結婚と浮気の政治経済学』（毎日新聞社）、『マンガde恋愛学』（飛鳥新社）、『ロンブー淳×森川教授の最強の恋愛術』（マガジンハウス）等がある。

生き延びるための政治学

平成24年9月15日　初版1刷発行

著　者　森川　友義
発行者　鯉渕　友南
発行所　株式会社　弘文堂　101-0062　東京都千代田区神田駿河台1の7
TEL 03（3294）4801　振 替 00120-6-53909
http://www.koubundou.co.jp/

ブックデザイン　寄藤文平・吉田考宏（文平銀座）
図版デザイン　浜名信次（Beach）
印　刷　三報社印刷
製　本　井上製本所

ISBN978-4-335-46031-9